EINLEITUNG

Der Golf von Neapel, „Golf" im wahrsten Sinne des Wortes, löst bei seiner einfachen Erwähnung ein Kaleidoskop von schillernden, unterschiedlichen, lebendigen, klaren und oft gegensätzlichen Bildern aus, die jedoch alle vereint sind durch ein diffuses und tiefes Gefühl von intensiver emotionaler Beteiligung, welches immer stärker die Merkmale eines schmelzenden Lyrismus annimmt. Hier zeigt die natürliche Landschaft, die doch schon seit Jahrtausenden den festen und unauslöschlichen Stempel menschlicher Präsenz trägt, ursprüngliche Aspekte, die noch heute Verwunderung und Ungläubigkeit, vermischt mit Unruhe und einer deutlich bewußten Besorgnis, hervorrufen. Wenn einerseits die einzigartigen Reize der mediterranen Umgebung schon immer die erstaunte Betrachtung der Touristen und der Besucher aus allen Teilen der Welt hervorgerufen haben, machen andererseits die vulkanische Natur des parthenopeischen Golfes, die Instabilität des Bodens unter der großen Metropole des Südens, die beunruhigenden Prüfungen der phlegräischen Region - um nicht von „ihm" zu sprechen, dem obskuren Herrn des Golfes, der unter dem geheuchelten Gewand eines heiteren und ruhigen Gebirges in Wirklichkeit die Geschicke eines viel weiteren, dichtbesiedelten Gebietes lenkt - denjenigen Gedanken, denen der Schutz und die Erhaltung einer der schönsten Ecken dieses herrlichen Italiens wirklich am Herzen liegt.

„Campania Felix" nannten es die Autoren der römischen Klassik: „glückliches" Kampanien, seit ältester Zeit, wegen der außerordentlichen Fruchtbarkeit der vulkanischen Böden, wegen der einzigartigen Milde eines angenehmen mediterranen Klimas, wegen der unvergleichlichen Pracht einer herrlichen und abwechslungsreichen Landschaft. In dieser alten und einzigartigen Region spielen Neapel und sein Golf eine Hauptrolle. Etwas weniger als 39 Km Luftlinie trennen den Berg Cuma im westlichsten Teil der phlegräischen Felder von der Punta Campanella, die am äußersten Ende der sorrentinischen Halbinsel liegt. Auf diesem ideellen Bogen sind die Perlen der eindrucksvollen und malerischen parthenopeischen „Kette" aufgereiht: die phlegräischen Inseln - Ischia, Procida und Vivara - Bacoli, Miseno, Baia, Cuma, Pozzuoli und die Solfatara, Neapel und der Vesuv, Castellammare di Stabia, Sorrent und seine Küste, Capri.

Dieser Fächer von Angeboten, in sich schon erschöpfend, umfaßt eine große Anzahl von Touren und touristischen Zielen, unter denen jeder nach eigenen Bedürfnissen und speziellen Interessen wählen kann. Das Gebiet des Golfes von Neapel stellt ein außergewöhnliches Sammelbecken für Kunst und Geschichte dar und ist außerdem ein unvergleichliches Museum der freien Natur. Hier fügen sich die Zeugnisse der Geschichte des Menschen - von den Anfängen des römischen Zeitalters über das dunkle Mittelalter bis zur unruhigen Neuzeit, um mit den Widersprüchen und den zahlreichen ungelösten Problemen der Gegenwart zu enden - mit Gewalt in die natürliche Umgebung ein, die die effektvolle Kulisse zu den Überresten der Vergangenheit und zu den kühnen und zukunftsorientierten architektonischen Lösungen, die in den letzten Jahrzehnten zur Ausführung gekommen sind, bilden.

Wer wirklich das wahre Bild und die tatsächliche Natur Neapels und seiner touristisch interessanten Umgebung verstehen will, wird nicht anders können, als über die sicher überholten und faden Stereotypen wie die Sonne, Pizza, Spaghetti und die Tarantella hinauszublicken. Wenn auch die Region des parthenopeischen Golfes ohne Zweifel zu den sonnigsten des Mittelmeers gehört, wenn auch das Meer und der Himmel zu den blauesten und heitersten Italiens zählen, wenn die Pracht der Küsten und der üppigen Vegetation die Seele des Touristen erfüllen, so ist es doch in jedem Fall notwendig, die kulturellen Inhalte gründlicher zu untersuchen. Diese gehen über die Schätze der Kunst, der Geschichte, der Architektur und des Handwerks, die sicher eine Hauptrolle spielen, hinaus und lassen sich herab auf den Stern der Folklore und der völkischen Tradition, in diese ehrliche und offene Kultur, die die Pizza und das neapolitanische Volkslied erfunden, die aber auch immer eine eigene, ununterdrückbare Identität, zum Trotz der unterschiedlichen dominierenden Mächte, bewahrt hat. Diese Kunst zurechtzukommen und immer wieder den Weg zu finden, dieser atavistische Wunsch, die Regeln zu verletzen und auf außergewöhnliche Art und Weise das Heilige mit dem Profanen zu vermischen - wie das Blut von St. Gennaro mit den Lottozahlen - diese pyrotechnische und befreiende Freude - Piedigrotta oder die Erfolge der Fußballmannschaft - gehören fest zu den Sitten und Gebräuchen, die man nicht verkennen sollte.

NEAPEL

Mit herrlichem Blick auf ihren malerischen Golf, vom Kap Miseno und der Punta Campanella begrenzt, breitet sich die Stadt im Halbkreis zwischen den vulkanischen Amphitheatern der phlegräischen Felder und des Vesuvs aus. Neapel, mit seinen urbanen Dimensionen die größte Metropole des Südens, mit seiner Bevölkerungszahl die drittgrößte Stadt Italiens, einer der bedeutendsten Häfen des Mittelmeeres und außerdem strategische und Marine-Basis. Bedeutender Anziehungspunkt für einen breiten Streifen von Kampanien und für Regionen im Landesinnern, ist die Stadt lebendiger Knotenpunkt für Straßen-, Eisenbahn- und Schiffahrts-Anschlüsse und ist mit dem nach Rom und Mailand drittwichtigsten Flughafen ausgestattet. Ihre wirtschaftliche Struktur basiert auf einer Entwicklung in Industrie und Handel sowie auf allgemeinen Dienstleistungsbetrieben, die immer noch Unstimmigkeiten und Unausgegeglichenenheiten mit starkem Einfluß auch im sozialen Bereich aufweisen. Hier sind die Kontraste zwischen den wohlhabenden und fortschrittlichen Vierteln und den großen Ansammlungen von Elend und Armut, verschlimmert durch die Vernachlässigung und städtische Verkommenheit einiger Viertel im Zentrum oder in der Vorstadt, deutlich ersichtlich. Unter anderem hat die enorme Ausbreitung des Stadtnetzes letztendlich eine Vereinigung mit einigen großen und wichtigen nahen Zentren bewirkt, so daß die von Neapel bedeckte Oberfläche in den letzten Jahrzehnten ins Maßlose gestiegen ist. Die ersten menschlichen Siedlungen auf dem Gelände der heutigen Stadt gehen auf eine rhodische Kolonie mit dem Namen *Parthenope* zurück. In der Folgezeit als *Paleopolis* (die „alte Stadt") bekannt, bekam sie einen wesentlichen Auftrieb nach der Gründung der Kolonie Cuma (9. Jh. v.Chr.). Neben dem ursprünglichen Stadtkern, der an der Stelle des heutigen Castel dell'Ovo lag, entstand um das 5. Jh. v.Chr. die *Neapolis* (die „neue Stadt"), die dort von den griechischen Kolonisten, die aus Euböa kamen, gegründet wurde. Zur Zeit der weitesten Ausbreitung von Syrakus wuchs ihre Bedeutung, und sie setzte sich auch aufgrund des Beitrags der Einwohner von Cuma, die nach der Eroberung durch die Samniten geflohen waren, als Hauptstadt der Region durch. In der zweiten Hälfte des 4. Jahrhunderts v.Chr. wurde Neapolis unabwendbar vom römischen Einflußbereich verschlungen und de facto zum Verbündeten der mächtigen nahegelegenen Stadt in den Kriegen, die letztere gegen Karthago um die Vorherrschaft im Mittelmeerbecken führte. In ein *Munizipium* (90 v.Chr.) umgewandelt und vom Bürgerkrieg (82 v.Chr.) hart gezeichnet, bewahrte die Stadt dennoch ihre kulturel-

Mergellina, malerische Ansicht des Küstenortes.

Blick auf Neapel: Altes und Modernes vermischen sich unter dem unverwechselbaren Profil der Vesuv.

len Eigenschaften von deutlich hellenistischer Herkunft sowie den anziehenden landschaftlichen und klimatischen Charakter, der auch in der Kaiserzeit weiterhin die römischen Adligen und Patrizier dazu veranlaßte, sich hier niederzulassen und prunkvolle Häuser und herrliche Residenzen zu errichten. Die Ausbreitung des Christentums brachte die Verfolgung auch nach Neapel; das bedeutendste Opfer war Gennaro, Bischof von Benevento, der das Martyrium in Pozzuoli erlitt (4. Jh.) und seitdem als heiliger Patron der Stadt verehrt wird. Der Verfall des römischen Reiches zog die Eroberung durch die Goten (5. Jh.) nach sich, denen die Byzantiner folgten. Nachdem Neapel seit der zweiten Hälfte des 8. Jahrhunderts Sitz eines autonomen Herzogtums war, gelang es ihm, mit Ausnahme einer kurzen langobardischen Unterbrechung, die eigene Unabhängigkeit zu bewahren, indem es den wiederholten Eroberungsversuchen der Muselmanen erfolgreich die Stirn bot. Mit der Eroberung durch die Normannen unter Ruggero d'Altavilla (1139) begann tatsächlich der Abstieg Neapels, das sich wenig später seiner Funktion als Hauptstadt zugunsten Palermos beraubt sah. Nach der Einrichtung der freien Verwaltung unter päpstlichem Schutz (1251) trug die Stadt zum Untergang der Staufer und zur Machtergreifung der Anjou bei, die ihr wieder die Würde einer Hauptstadt verliehen. Die Zeit unter den Anjou brachte eine neue Blüte für die Stadt und regte erneut die Entwicklung des kulturellen Lebens an. Nachdem auch das aragonische Geschlecht vorübergegangen war, nahm Neapel an den Streitereien zwischen den Spaniern und den Franzosen Anteil, die mit der Machtergreifung Karls VIII. (Ende des 15. Jahrhunderts) endeten. Die darauffolgende spanische Regierung, die sich bis zum Beginn des 18. Jahrhunderts hinziehen sollte, schrieb eine der schwierigsten Seiten im Buch der neapolitanischen Geschichte, von häufigen Volksaufständen gezeichnet (bekannt derjenige unter Masaniello, 1647) und von schweren Pestepidemien gequält. Von den Österreichern eingenommen und Karl von Bourbon zugewiesen, erneuerte Neapel die Ruhmesblätter als Hauptstadt eines autonomen Reiches (1734). Im Kielwasser der Ereignisse jenseits der Alpen erlebte die Stadt die vorübergehende parthenopeische Republik. Nach dem Zwischenspiel unter Joseph Bonaparte und Murat fiel sie wieder unter die Bourbonen, die sie zur Hauptstadt des Reiches der beiden Sizilien erhoben. Inzwischen bereiteten die Gärungen des Risorgimento das Terrain für die ersten Aufstände (1820, 1848), die den Weg für das siegreiche Unternehmen Garibaldis und die Angliederung an Piemont (1860) frei machten. Hart geprüft im letzten Krieg, schaffte es die Stadt, sich von der nazistischen Unterdrückung während der legendären Vier Tage (September 1943) zu befreien.

RATHAUSPLATZ (PIAZZA DEL MUNICIPIO)

Der zentrale Rathausplatz ist einer der Brennpunkte des verworrenen neapolitanischen Verkehrs und dehnt sich mit unmerklichem Gefälle zwischen dem gleichnamigen Gebäude und dem *Hafen* aus, der sich als unverwechselbares architektonisches Bild der zweiten Hälfte der dreißiger Jahre präsentiert und, vom charakteristischen Profil des Vesuvs überragt, quasi die städtische Siedlung zum Meer hin abschließt. Oberhalb des Platzes, zum Hügel hin, fällt das große Bauwerk der *Burg St. Elmo* auf, das sich wie ein Bollwerk beherrschend über die tiefergelegene *Kartause von St. Martin* erhebt. An den Seiten laufen wichtige kommerzielle Verkehrsadern, wie die *Via Medina*, die *Via Depretis* und die *Via S. Carlo*, entlang, die den Schwerpunkt des Handels und der parthenopeischen Dienstleistungsbetriebe bilden. Neben dem **Rathausgebäude** aus dem 19. Jh., das früher Sitz der bourbonischen Minister war, steht die **Kirche St. Jakob von den Spaniern**, die um die Mitte des 16. Jahrhunderts von Don Pedro di Toledo, Vizekönig von Spanien, errichtet wurde. Den Platz beherrschend, auf einem hohen Sockel, vor dem die Statue der *Parthenope* steht, erhebt sich das Reiterstandbild *Viktor Emanuels II.*

Zwei Eindrücke des Rathausplatzes, der von der Reiterstatue Viktor Emanuels II. beherrscht wird.

Blick auf die Burg der Anjou.

BURG DER ANJOU

Das charakteristische Profil dieser gewaltigen Festung hebt sich klar von der parthenopeischen Uferpromenade ab, zwischen dem Vorsprung von Santa Lucia und dem Hafen, und bildet hier einen bekannten Bezugspunkt für alle, die die Stadt vom Meer aus erreichen. Auch als *Castel Nuovo* (Neue Burg) bekannt (eine toponomastische Bezeichnung, die auf die Bauzeit zurückgeht und möglicherweise dazu dienen sollte, den Bau nicht mit in der Stadt schon vorhandenen Festungen zu verwechseln), präsentiert sie sich auf dem charakteristischen trapezförmigen Grundriß, auf dem sich die zinnengekrönten und durch robuste, runde, mit Zinnen und Konsolen ausgestatteten Türme verstärkten Mauern über geböschten Sockeln erheben. Der Bau erfolgte in der zweiten Hälfte des 13. Jahrhunderts auf Geheiß Karls I. von Anjou (auf den die gebräuchlichere Bezeichnung *Burg der Anjou* - Maschio Angioino - zurückgeht), der die Bauaufgabe dem Architekten Pietro de Caulis anvertraute. Ungefähr zwei Jahrhunderte später sorgte Alfons I. von Aragonien für substantielle Erneuerungs- und Restrukturierungsarbeiten, die zu einer nahezu vollständigen Rekonstruktion führten. Die in der ersten Hälfte des 15. Jahrhunderts ausgeführten Arbeiten wurden Architekten der toskanischen und katalanischen Schule anvertraut, die die Spuren der eigenen architektonischen Ideen zurückließen.

In diese Zeit (1455 - 1468) fällt auch die Realisierung eines der architektonisch und stilistisch wertvollsten Elemente des gesamten Komplexes: des **Triumphbogens**. Letzterer kann sich mit vollem Recht als eines der beachtlichsten Beispiele für Ehrenarchitektur der Renaissance betrachten, da er eine untrennbare Paarung der Kunst der besten Bildhauer der Zeit mit dem traditionellen Kanon des römischen Festbogens, an dessen Beispielen er sich inspiriert, darstellt. Der Bogen fügt sich bewundernswert zwischen

Burg der Anjou: zwei Details des Triumphbogens, den man auf der folgenden Seite bewundern kann.

den *mittleren Turm* und den *Wachturm* ein, indem er einen deutlichen Farbkontrast zwischen dem Weiß seiner Linien und dem dunkleren ,,Piperno'' (spezieller Typ des Trachyts, der in Neapel oft als Baustein verwendet wird) schafft. Erbaut, um den Einzug Alfons I. von Aragonien in Neapel (26. Februar 1443) zu feiern, hat er eine komplexe Struktur, die aus einem von gekoppelten korinthischen Säulen flankierten Bogen besteht (in der Laibung einige Reliefs, die *Alfons zwischen Verwandten und Würdenträgern des Reiches* zeigen), der eine Attika trägt, auf der die herrlichen Skulpturen-Darstellungen *Alfons I. während seines triumphalen Einzuges in Neapel* Platz finden. Über der Attika öffnet sich ein zweiter Bogen zwischen ionischen Zwillingssäulen, die eine zweite Attika tragen, welche durch Nischen bereichert ist, in denen sich die Statuen der *Mäßigkeit*, der *Stärke*, der *Gerechtigkeit* und der *Großmut* abheben. Dieses herrliche Werk wird bekrönt von einem halbkreisförmigen Tympanon mit der allegorischen Darstellung von *zwei Flüssen*, über der sich die Statue des *Erzengels Michael* erhebt. Unter den besten Mitarbeitern an diesem bewundernswerten Skulpturenzy klus treten Francesco Laurana, Domenico Gagini, Isaia da Pisa und Pére Johan hervor.

Die Burg, die Residenz des Hofes der Anjou und der Aragonier war, ist Teilnehmer und Zeuge der lebendigen und bewegten Stadtgeschichte. Unter ihren berühmtesten Gästen erinnert man sich an den Papst Zölistin V., Giotto, Petrarca, Boccaccio, Panormita (Antonio Beccadelli), T. Caracciolo, G. Pontano und D. Carafa, Ettore Fieramosca, Karl V. Nach mehrmaligen Rekonstruktionen und Modifikationen (16. - 18. Jh.) wurde in einer konservierenden Restaurierung in der ersten Hälfte unseres Jahrhunderts der Zustand des 15. Jahrhunderts wieder hergestellt. Unter den zahlreichen Innenräumen fallen auf: der *Hof* (interessanter Säulengang des 15. Jahrhunderts); die *Kirche der Heiligen Barbara*, auch als *Pfalzkapelle* oder *Kirche des Hl. Sebastian* bekannt, einer der wenigen Teile des Originalbaus der Anjou, die auf uns gekommen sind (interessante Skulpturen von Laurana und Andrea dell'Aquila sowie Spuren von Fresken Maso di Bancos); der *Saal der Barone* mit Werken Lauranas und Domenico Gaginis (teilweise durch einen Brand zerstört).

Piazza Trieste e Trento: Ansicht der Kirche St. Ferdinand, im Hintergrund die Galleria Umberto I.

Einige Ansichten der zentral gelegenen Galleria Umberto I. ►

GALLERIA UMBERTO I (PASSAGE HUMBERT I.)

Im Herzen des historischen Zentrums von Neapel, drei Schritte von der zentralen *Piazza del Plebiscito* (Volksabstimmungs-Platz), öffnet sich die *Piazza Trieste e Trento* (Platz von Triest und Trient), bereichert durch einen Brunnen von eindeutig moderner Prägung. Dort erhebt sich die charakteristische Fassade in zwei Ordnungen der **Kirche St. Ferdinand**, im 17. Jh. nach dem Plan Confortos gebaut und noch im gleichen Jahrhundert von Fanzago umgestaltet. Ursprünglich Heiligtum der Jesuiten, hatte hier lange Zeit die *Erzbruderschaft unserer Lieben Frau der Sieben Schmerzen* ihren Sitz. Die vertikal durch Lisenen in zwei Ordnungen betonte Fassade zeigt im unteren Teil eine schöne Nischenreihe und ein Portal, das von Säulen flankiert ist, die einen skulpturengeschmückten Fries tragen. Auf dem Giebel des Gebäudes befindet sich ein dreieckiges Tympanon mit einem Wappen in der Mitte. Der einschiffige Innenraum enthält Skulpturen der Vaccaro und von Paolo de Matteis ausgeführte Fresken.

Von dem Platz geht die *Via S. Carlo* aus, in der sich die **Galleria Umberto I** befindet, die durch eine elegante neoklassizistische, mit zahlreichen Säulen und Skulpturen bereicherte Fassade angekündigt wird. Der um die Jahrhun. dertwende fertiggestellte Bau zeigt sich mit der typischen Prägung der Zeit Humberts I. und wird besonders interessant durch die Entwicklung seiner gewagten Strukturen in Glas und Eisen, die in der erhöhten Kuppel auf oktogonaler Basis gipfeln. Von E. Rocco, P. Boubée, A. Curri und E. di Mauro geplant, bietet die Passage eine ornamental stark ausgearbeitete Ansicht und bildet eines der bevorzugten Ziele der Neapolitaner für abendliche Treffen und Spaziergänge.

Vor der Hauptfassade der Passage befindet sich das **Theater St. Karl**, einer der bedeutendsten ,,Tempel'' der italienischen Oper, bekannt für die raffinierte Eleganz seines weiten und geräumigen Interieurs, das zu den größten der Welt gezählt wird. In der ersten Hälfte des 18. Jahrhunderts auf Geheiß Karls von Bourbon gebaut, fanden später Perfektionierungs- und Ausbau-Arbeiten unter der Leitung von Bibiena und Fuga statt. In der ersten Hälfte des vergangenen Jahrhunderts wurden das Atrium und die Loggia an der Fassade angebaut und für eine Rekonstruktion des durch einen Brand zerstörten Innenraums gesorgt (Architekt Niccolini).

GALLERIA UMBERTO I

BARBARO

Piazza del Plebiscito: die Fassade des Königspalastes.

Einige Innenansichten des Königspalastes. ►

KÖNIGSPALAST (PALAZZO REALE)

Der prächtige monumentale Bau beherrscht die zentral gelegene *Piazza del Plebiscito* (Volksabstimmungs-Platz), die, was künstlerische und architektonische Werte betrifft, zu den bedeutendsten Plätzen der ganzen Stadt gezählt werden kann. Die Erstellung des Planes für den Bau eines neuen Königsschlosse in Neapel besorgte Domenico Fontana, der sich zu Anfang des 17. Jahrhunderts an die Arbeit machte. Fürsprecher des kolossalen Werkes war der spanische Vizekönig Don Ferrante Ruiz de Castro, der beabsichtigte, auf diese Art eine würdige Residenz für den eigenen König, Philipp II., einzurichten, dessen Besuch in der Stadt am Golf erwartet wurde.

In der ersten Hälfte des 18. Jahrhunderts rekonstruiert und erweitert, wurde der Bau von Gaetano Genovese, der tiefgreifende neoklassizistische Veränderungen anbrachte, wiederhergestellt, nachdem ein Feuer zur Zeit Ferdinands II. (1837) schwere Schäden angerichtet hatte.

Auf der effektvollen Fassade, über deren Zentrum sich eine Uhr auf einem kleinen, mit einer Kappe gedeckten Glockenturm erhebt, befinden sich zwei große, von Pfeilervorlagen unterbrochene Fensterordnungen. Im Erdgeschoß ist der ursprüngliche alte Portikus aus statischen Gründen teilweise von Vanvitelli verändert worden, wobei einige Nischen gewonnen wurden, in denen sich von links nach rechts folgende Figuren befinden: *Rüdiger der Normanne, Friedrich II. von Hohenstaufen, Karl I. von Anjou, Alfons I. von Aragonien, Karl V., Karl III. von Bourbon, Joachim Murat, Viktor Emanuel II.* Im Atrium, bei der herrlichen Ehrentreppe aus dem 17. Jh. von Picchiatti, überarbeitet von Genovese, befindet sich eine Bronzetür, die aus der Burg der Anjou hierher versetzt worden ist. Das künstlerisch äußerst wertvolle Werk wurde von Guglielmo Monaco und Pietro di Martino ausgeführt.

Von den wichtigsten Innenräumen möchten wir hier das **Hoftheater** von Fuga aus der zweiten Hälfte des 18. Jahrhunderts, den **Hauptsalon**, den **Thronsaal** und den **Herkulessaal** nennen, die, gemeinsam mit zahlreichen anderen Sälen, ein ureigenes Museum bilden, das gefüllt ist mit echten Stücken der Zeit, Porzellan, Tapeten, Gobelins und Gemälden aus dem 17. und 18. Jh., die in großer Zahl von ortsansässigen Künstlern ausgeführt sind. Erwähnenswert ist auch die **Kapelle** aus dem 17. Jh., die die von Genovese ausgeführten Eingriffe verrät. Der Palast ist außerdem Sitz der **Nationalbibliothek**, in der unter anderem die berühmten, in Herculaneum wieder ans Licht gekommen Papyrusrollen aufbewahrt werden.

Piazza del Plebiscito: Basilika des Hl. Franziskus von Paola.

Piazza Giovanni Bovio: zwei Ansichten des schönen Neptun-Brunnens. ►

BASILIKA DES HL. FRANZISKUS VON PAOLA

Die Basilika beherrscht mit ihrer klassizistischen Architektur die effektvolle dorische Kolonnade, die die monumentale *Piazza del Plebiscito* (Volksabstimmungs-Platz) eindrucksvoll rahmt. Letztere wird von den bronzenen Reiterstandbildern verschönt, die *Karl III. von Bourbon* (A. Canova) und *Ferdinand I.* (A. Calì) darstellen. Der heutige Platz ist aus einer unter Joachim Murat erfolgten Umgestaltung eines Platzes mit Aussicht auf den Königspalast entstanden. Leopold Laperuta war der Initiator der imponierenden Kolonnaden, die dem Platz den schönen halbreisförmigen Zuschnitt verleihen.
Die Basilika des Hl. Franziskus von Paola wurde nach dem Vorbild der Form des römischen Pantheons in der ersten Hälfte des 19. Jahrhunderts von dem Architekten Pietro Bianchi ausgeführt. Die auf einem hohen Tambour aufragende Zentralkuppel ist von zwei kleineren seitlichen Kuppeln flankiert. Die Vorhalle vor der Fassade gipfelt in einem dreieckigen Tympanon, auf dem sich Statuen erheben, die die *Religion*, den *Hl. Ferdinand von Kastilien* und den *Hl. Franziskus von Paola* darstellen. Der Innenraum auf kreisförmigem Grundriß enthält neben einem wertvollen Hauptaltar, der reich mit Pietra Dura Arbeiten ausgestattet ist, zahlreiche Skulpturen und Gemälde.

PIAZZA GIOVANNI BOVIO

Der Platz an der Kreuzung von wichtigen Verkehrsadern des Stadtzentrums - *Via Depretis, Via Sanfelice, Corso Umberto I* (am Ort als „Rettifilo" - Gerade - bekannt) - ist einer der Knotenpunkte des neapolitanischen Verkehrs. In der Mitte des Platzes zeigt sich der **Neptunsbrunnen** aus dem 17. Jh. in seiner ganzen Schönheit, umgeben von einem schmiedeeisernen Gitter. Die Ausführung des Plans wird Domenico Fontana zugeschrieben; die Figur des *Neptun* wurde von Michelangelo Naccherino ausgeführt, während die *Meeresungeheuer* ein Werk Piero Berninis sind. Die heutige Aufstellung dieses wichtigen Elementes der bürgerlichen Ausstattung der Stadt geht auf das Ende des vergangenen Jahrhunderts zurück. Man beachte besonders die *Löwen* und die *Wappen*, die die Ballustrade schmücken; sie sind das Ergebnis einer Umgestaltung und Ausweitung des ursprünglichen Kerns des Brunnes durch Cosimo Fanzago.
Auf den Platz blicken elegante Bauten, unter ihnen das **Börsengebäude** aus dem späten 19. Jh., geplant von A. Guerra. Zu den Seiten der Eingangstreppe zwei Bronzestatuen von Luigi de Luca, die *das Genie, das die Kraft beherrscht*, darstellen. Zu dem Gebäude gehört die alte **Kapelle St. Aspreno im Hafen** (8. Jh.), die an der Stelle antiker römischer Thermengebäude gebaut und später vollständig umgestaltet wurde (17. Jh.).

CAMERA DI COMMERCIO

MILANO
ASSICURAZIONI

DIE VIERTEL AM MEER

Der außergewöhnlich mediterrane und sonnige Eindruck Neapels wird von seiner lichten Strandpromenade, den großen Straßen und den Stadtvierteln, die auf das malerische Meer des Golfes blicken, unterstrichen. In der unmittelbaren Umgebung des *Hafens Sannazaro*, bei dem Tunnel, der unter dem Hügel von Piedigrotta hindurchführt, öffnet sich die **Piazza Sannazaro**, mit Blumenbeeten und Palmen geschmückt sowie durch einen *Brunnen* bereichert. Die Skulpturengruppe zeigt eine *Sirene mit Delphinen und Seepferden.*
Am Ende der *Via Partenope*, der eleganten Straße am Meer, die von schönen Wohnhäusern und Hotels der ersten Klasse gerahmt ist, liegt der **Borgo Marinaro** (Vorstadt am Meer) mit dem malerischen *Hafen von Santa Lucia.* Die Aussicht in die Via Partenope wird abgeschlossen von dem schönen **Brunnen der Unbefleckten Jungfrau Maria**, der mit seinen Marmorbögen einen herrlichen Blick auf den Vesuv rahmt. Der Brunnen aus dem 17. Jh. ist mit Karyatiden von Naccherino und mit von Bernini geschaffenen Skulpturen ausgestattet.

Piazza Sannazaro: der Brunnen der Sirene.

Via Partenope.

Eine Ansicht des Borgo Marinaro mit dem malerischen Hafen von Santa Lucia. ►

Der elegante Brunnen der Unbefleckten Jungfrau Maria. ►

Einige Ansichten des Castel dell'Ovo, das den Blick durch die elegante Via Caracciolo abschließt.

Auf den folgenden Seiten: zwei Ansichten der barocken Fiale der Unbefleckten Jungfrau Maria.

CASTEL DELL'OVO

Die schöne, ganz vom Meer umgebene Burg gehört zu den charakteristischsten und bedeutendsten Merkmalen des landschaftlichen Eindrucks der parthenopeischen Uferpromenade. Ihre massige Präsenz gegenüber des Vorsprungs von Santa Lucia wird von den breiten Straßen am Meer, besonders von der *Via Caracciolo*, angekündigt. Letztere ist durch ihren Verlauf in weichen Kurven charakterisiert und verbindet an der bezaubernden Reede von *Mergellina* die Via Partenope mit dem Borgo Marinaro. An der Via Partenope zieht sich über eine lange Strecke der **Stadtpark** hin, eine öffentliche Grünanlage, die durch Statuen und Brunnen bereichert ist; dort befindet sich die bekannte *zoologische Beobachtungsstelle* mit dem **Aquarium**, in dem verschiedene Arten von Fischen und Beispiele aus der Meeresfauna des parthenopeischen Golfes untergebracht sind. Die Burg steht auf einer Insel, die den Rest eines alten vulkanischen Kessels bildet, der ursprünglich die dahinterliegenden Hügel von Pizzofalcone umfaßte. Die Geschichte der Niederlassung geht in römische Zeit zurück, in der eine Residenz des Lukullus hier gebaut wurde. Die ersten Zeugnisse der befestigten Anlage stammen aus der ersten Hälfte des 12. Jahrhunderts und beziehen sich auf eine Burg, später vergrößert, die auf einer alten klösterlichen Einsiedelei gebaut war. Die Festung war Zeuge einer langen Geschichte voller Überraschungen; von den Anjou erneut umgebaut (14. Jh.), wurde sie mehrmals bombardiert und am Ende des 17. Jahrhunderts fast vollständig rekonstruiert.

Der heutige Eindruck der Burg wird von den hohen schmutziggelben Stufen beherrscht, die eine malerische natürliche Kulisse für den eindrucksvollen Hafen von Santa Lucia bilden. Das Innere der Festung gibt den Blick frei auf mittelalterliche Mauerstrukturen und besteht hauptsächlich aus gotischen Räumen und wesentlich älteren Resten, wie den Ruinen einer heiligen, *St. Salvator* geweihten Stätte. Bemerkenswert sind auch der *Hauptturm* und der *Normandie-Turm*.

MINISTERO dei LAVORI PUBBLICI
CON SEDE IN NAPOLI

Das Bossenwerk im Diamantschliff bereichert die Fassade der Neuen Jesuskirche.

PIAZZA DEL GESÙ NUOVO (PLATZ DER NEUEN JESUSKIRCHE)

Dieser Platz öffnet sich entlang der Fluchtlinie zahlreicher Straßen des Zentrums, indem er tatsächlich die Stadt in zwei gleiche Teile teilt und deswegen im Volksmund „Spaccanapoli'' (Neapel-Riß) genannt wird. Die lange Gerade vollzieht teilweise den Verlauf der antiken unteren Ost-West-Achse der ursprünglichen griechisch-römischen Siedlung nach. Der Platz ist architektonisch und künstlerisch aufgrund des Reichtums seiner dekorativen Elemente, die sich in der Fiale der Unbefleckten Jungfrau Maria und der Neuen Jesuskirche manifestieren, äußerst interessant.

Die **Fiale der Unbefleckten Jungfrau Maria** stellt eines der charakteristischsten und einzigartigsten Merkmale der parthenopeischen Stadt dar. Die in den Himmel ragende schlanke Schablone, bekrönt von einer Bildhauerarbeit in vergoldetem Kupfer, die die *Unbefleckte Jungfrau Maria* darstellt, beherrscht den Platz von der Höhe ihrer 30 m aus. Der Bau wurde von Giuseppe di Fiore in der ersten Hälfte des 18. Jahrhunderts nach dem Plan von Giuseppe Genuino ausgeführt. Der kleine Kunstbau, der zu den eigentümlichsten und glücklichsten Ausdrücken des neapolitanischen Barock gezählt wird, ist mit Skulpturen von beachtlichem künstlerischem Wert, die von Matteo Bottiglieri und Francesco Pagano gearbeitet wurden, ausgestattet.

Die **Neue Jesuskirche** bildet die raffinierte Kulisse zur Fiale der Unbefleckten Jungfrau Maria. Bekannt auch als *Kirche der Höheren Trinität*, ist sie das Ergebnis eines Umbaus des Renaissance-Palastes der Sanseverino an der Wende vom 16. zum 17. Jh. Von der ursprünglichen Struktur sind bemerkenswerte Spuren an der Fassade aus Peperin mit Bossenwerk in Diamantschliff erhalten. Der Innenraum, prächtig und monumental, besitzt die Form eines griechischen Kreuzes und betont die dreifache Teilung der Schiffe. Die heutige Kuppel ist das Ergebnis von Veränderungen im Laufe der Jahrhunderte, nachdem die ursprüngliche bei dem Erdbeben von 1688 beschädigt worden war. Unter den künstlerisch beachtenswertesten Elementen sind ein Fresko von Solimena (*die Vertreibung Heliodors aus dem Tempel*), einige Gemälde von Luca Giordano (*Episoden aus dem Leben des Hl. Franziskus Saverius*), das großartige Presbyterium mit den Fresken Massimo Stanziones in den Gewölbefeldern und ein wertvolles hölzernes Reliquiar mit vergoldeten Skulpturen von Domenico di Nardo hervorzuheben.

Neue Jesuskirche: Detail des Tympanos über dem Portal und Ansicht des monumentalen Innenraums.

KIRCHE UND KREUZGANG VON ST. KLARA

Die Kirche, wie sie sich heute zeigt, ist das Ergebnis einer sorgfältigen Restaurierung, die aufgrund der schweren Schäden, die der Bombenangriff vom 4. August 1943 verursacht hat, nötig war. Das Bauwerk ist deshalb in den ursprünglichen provenzalisch-gotischen Formen wiederaufgebaut worden, nachdem durch das Feuer infolge des Bombenangriffs spätere Zusätze und barocke Umbauten, die Domenico Antonio Vaccaro in der ersten Hälfte des 18. Jahrhunderts ausgeführt hatte, auf breiter Basis zerstört worden waren. Der erste Kirchenbau, von Robert von Anjou und seiner Frau Sancia von Mallorca in Auftrag gegeben, wurde 1310 fertiggestellt. Der große Innenraum ist einschiffig und durch langgestreckte, schlanke Einzelbogenfenster beleuchtet. An den Seiten öffnen sich zwei Kapellenreihen, die von großen, auf starken Pilastern ruhenden gotischen Bögen gerahmt werden. Unter den hervorragenden Kunstwerken sind folgende besonders erwähnenswert: das *Grabmonument Roberts I. von Anjou* (14. Jh.), Werk der florentinischen Künstler Giovanni und Pacio Bertini, einige Werke von Tino di Camaino (*Grabstätte der Maria von Valois, Grab Karls, des Herzogs von Kalabrien*) und das *Grabmonument von Agnese und Clemenza di Durazzo*, ausgeführt von Antonio Baboccio (14.

Jh.). Der bekannte **Kreuzgang der Klarissen** gehört zu dem gleichnamigen Konventsgebäude. Den weiten Garten umgibt ein Säulengang, der sich in gotischen Bögen auf oktogonalen Trachyt-Pilastern um alle vier Seiten hinzieht. In den Kreuzgewölben und auf den Wänden befinden sich Teile von Fresken des 18. Jahrhunderts, die kürzlich restauriert worden sind. Aber das Element von größtem künstlerischem Interesse stellt das kostbare Majolika-Dekor aus dem 18. Jh. dar, das die Pilaster, die an den schmalen Alleen im Zentrum zur Stütze der Laube dienen, schmückt. Das gleiche läßt sich von den zahlreichen Sitzgelegenheiten sagen, deren Rückenlehnen in der warmen und lebendigen Färbung der Majolikakacheln strahlen. Die Themen der Dekoration, erdacht von dem künstlerischen Genie Domenico Antonio Vaccaro und ausgeführt von Donato und Giuseppe Massa, zeigen mythologische Motive, ländliche Szenen, Landschaften, Faschingstreiben und maskierte Personen.

Kreuzgang von St. Klara: einige Ansichten des eindrucksvollen Kreuzgangs der Klarissen mit seinen Majoliken.

DOM

Der neapolitanische Dom, im Volksmund als *Kirche von St. Gennaro* bekannt, hat seine Ursprünge unter den Anjou (13. Jh.), auch wenn das heutige Gebäude Ergebnis zahlreicher im Laufe der Jahrhunderte erfolgter Umbauten und Neugestaltungen ist. Das zeigt sich besonders deutlich in der Fassade, die mit ihrer modernen, neugotischen Ausarbeitung (19. - 20. Jh.) ebenso elegant wie neu erscheint. Eine Ausnahme bilden die Portale, die von Antonio Baboccio unter Mitwirkung von Tino di Camaino und Schülern Nicola Pisanos ausgeführt wurden.
Der Innenraum, von eindrucksvoller monumentaler Großartigkeit, ist durch von zahlreichen Säulen umgebene Pfeiler, die die eleganten gotischen Bögen tragen, in drei Teile geteilt. Die herrliche Holzdecke zeigt mit Gemälden geschmückte Paneele, während die Wände des Mittelschiffs Fresken von Luca Giordano tragen. Unter den bemerkenswertesten Elementen erinnern wir an die *Kapelle von St. Gennaro*, ein Werk von F. Grimaldi aus dem 17. Jh., in der die Reliquien des Schutzheiligen aufbewahrt werden, die *Kapelle der Hl. Restituta*, ehemals eine Basilika des 4. Jahrhunderts, die Renaissance-*Kapelle Carafa* (oder *Succorpo*, die unter der Apsis liegt) und den schönen *Taufbrunnen.*

◄ *Kirche von St. Gennaro, Ansicht der neugotischen Fassade.*

Kirche von St. Gennaro: ein Bild des großartigen Innenraums und eine Ansicht des Taufbrunnens.

Eine Ansicht des Gebäudes, in dem die Sammlungen des Nationalen Archäologischen Museums untergebracht sind.

NATIONALES ARCHÄOLOGISCHES MUSEUM

Die großen Kunstsammlungen, die hauptsächlich auf die griechisch-römische Zivilisation Bezug nehmen, sind in einem geräumigen Gebäude geordnet, das durch den roten Anstrich seiner Außenmauern auffällt. Der Bau, ursprünglich aus dem späten 16. Jh., wurde als Kaserne errichtet und später der Universität zur Verfügung gestellt. Seine Umformung zum Museum geht auf die erste Hälfte des 19. Jahrhunderts zurück. Der erste Kern des Museums war ungefähr ein Jahrhundert vorher von Karl von Bourbon begründet worden, der auf diese Weise die Sammlung der Farnese systematisieren wollte, die mit dem Erbe seiner Mutter auf ihn gekommen war. Aber die späteren Erweiterungen des gewaltigen künstlerischen Vermächtnisses, verursacht durch die Funde bei den archäologischen Grabungen, die in Pompeji, Herculaneum und Stabia ausgeführt wurden, verlangten die Suche nach einem neuen Ausstellungsort und den Umzug in das jetzige Gebäude.

Da es praktisch unmöglich ist, die enorme Anzahl von Funden und ausgestellten Werken, die aus dem Nationalen Archäologischen Museum von Neapel eine der maßgebenden und wertvollsten Sammlungen der ganzen Welt machen, vollständig aufzuzählen, beschränken wir uns darauf, an einige der künstlerisch wertvollsten Werke zu erinnern. Im *Erdgeschoß* sind die Marmorskulpturen versammelt, meist römische Repliken von griechischen Originalen. Außer dem weltberühmten *Farnesischen Stier* (2. - 3. Jh. n.Chr.) sind der *Doriphoros* (Speerwerfer), nach dem Original von Polyklet (5. Jh. v.Chr.), die *Tyrannenmorde*, nach einem Original aus dem 5. Jh. v.Chr. und die *Venus Kallipygos*, nach griechischem Original, besonders erwähnenswert. Im *Zwischengeschoß* zeigen sich pompejanische Mosaike und Gemälde in ihrer ganzen Schönheit. Wir erinnern an die *Schlacht von Issus*, die *Platonische Akademie*, das *Frauenportrait* und die weltberühmte Statuette des *Tanzenden Fauns.* Im *ersten Stock* sind die Funde aus der *Papyrus-Villa* von Herculaneum ausgestellt. Wir weisen auch auf die *Bronzestatuen* und die *Gemälde* aus Herculaneum, Pompeji und Stabia, *die Farnesische Tasse* und die Skulpturen des *schlafenden Satyrn* und des *Farnesischen Atlanten* hin. Im *zweiten Stock* (teilweise in Restaurierung) kann man in der Vasensammlung hauptsächlich die sehr interessanten etruskischen, attischen, lukanischen, apulischen und kampanischen *Vasen* bewundern.

KARTAUSE VON ST. MARTIN

Der architektonische Komplex liegt auf der Grenze des Hügels des Vomero mit herrlichem Blick auf die Stadt, den Golf und die Inseln. Sein charakteristisches Profil, überragt von dem gewaltigen Bauwerk der Burg St. Elmo, bildet eines der typischen Merkmale der neapolitanischen Umgebung. Das Kloster wurde zur Zeit der Anjou begonnen und unter Königin Johanna I (zweite Hälfte des 14. Jahrhunderts) vollendet. Die ersten Architekten, die an dem Bau der Kartause arbeiteten, waren F. di Vito, M. di Malotto, T. di Camaino, A. Primario und B. de Baeza. Der Komplex wurde im späten 16. Jahrhundert von G.A. Dosio restauriert, dann jedoch von G.G. Conforto und G. Fanzago, die ihm die typische Prägung des neapolitanischen Barock des 17. Jahrhunderts verliehen, vollständig umgebaut.

In den Räumen der Kartause ist das **Nationalmuseum St. Martin** eingerichtet, das einen interessanten Schnitt durch die Geschichte und Kunst der Stadt vom 17. bis zum 19. Jahrhundert bietet. Die herrliche einschiffige **Kirche** versetzt durch den Reichtum ihrer Marmor-Dekorationen in Erstaunen und kann mit vollem Recht als Gemäldegalerie bezeichnet werden. Letztlich sind auch der **Große Kreuzgang** (G.A. Dosio und C. Fanzago) und der **Kreuzgang der Prokuratoren**, ebenfalls von Dosio gebaut, eine Erwähnung wert.

Zwei Bilder der Kartause von St. Martin mit dem Kreuzgang der Prokuratoren.

Einige Ansichten der Burg St. Elmo.

BURG ST. ELMO

Unter den zahlreichen neapolitanischen Festungen ist die Burg St. Elmo sicher diejenige mit der schönsten Aussicht. Ihre mächtigen Schutzmauern ohne Wachtürme erheben sich beherrschend über dem Hügel des Vomero und fast scheinen sie die darunterliegende *Kartause von St. Martin* zu beschützen. Der zentrale Kern, teilweise durch die Grabungen auf dem Hügel aufgedeckt, ist von einem Ring von Bollwerken umgeben, durch die er seinen charakteristischen sternförmigen Grundriß erhält. Die Arbeiten an seinem Bau wurden zur Zeit der Anjou in Angriff genommen (erste Hälfte des 14. Jahrhunderts) und beschäftigten verschiedene Architekten, die zu jener Zeit in der Stadt äußerst aktiv waren und ihren Beitrag auch zum Bau der nahen Kartause leisteten. Die Burg, ursprünglich als *Belforte* bekannt, verdankt ihre heutige Bezeichnung einer Veränderung, der der Name Erasmus im Laufe der Jahrhunderte unterzogen wurde. Diesem Heiligen war ursprünglich eine alte Kultstätte geweiht (10. Jh.), die vor dem heutigen Bau an seiner Stelle stand. In der ersten Hälfte des 16. Jahrhunderts ordnete Pedro von Toledo, Vizekönig von Spanien, einen grundlegenden Umbau an.

Analog zu den anderen Burgen Neapels war auch St. Elmo vielen unterschiedlichen und verworrenen geschichtlichen Wechselfällen unterworfen und wurde zum Zeugen zahlreicher Belagerungen, wilder Kämpfe zwischen den unterschiedlichen herrschenden Mächten und wiederholter Aufstände des Volkes, von denen inzwischen die Revolte von Masaniello (1647) längst legendär geworden ist. Die Burg wird heute zu militärischen Zwecken genutzt (Gefängnis), aber schon früher wurden hier Untersuchungshäftlinge untergebracht. Unter den berühmtesten Gefangenen stechen die Figuren von Tommaso Campanella, Mario Pagano, Ettore Carafa, Pietro Colletta, Silvio Spaventa und Carlo Poerio hervor. Zu dem Komplex gehört die *Kirche St. Elmo* aus dem 16. Jh. und die *Kapelle St. Maria del Pilar* (17. Jh.). Von den Laufgängen und dem oberen Platz der Burg aus kann man ein weit ausgedehntes Panorama der vom Vesuv begrenzten Stadt, des parthenopeischen Landes und des wunderbaren Golfes, der von Capri und dem Profil der phlegräischen Inseln gerahmt wird, genießen.

Von den Mauern der Burg St. Elmo aus bewundert man ein weites Panorama. Das Foto unten zeigt das imponierende gotische Gebäude der Kirche von St. Klara, das sich aus dem Meer der Häuser des historischen parthenopäischen Zentrums erhebt. In der Bildmitte ist die lange Gerade, die im Volksmund als „Spaccanapoli" bekannt ist, gut zu erkennen.

Ein schöner Blick auf den Königspalast von ► Capodimonte. Das Gebäude, Sitz des Nationalmuseums und der Galerien von Capodimonte, erhebt sich in einer wunderschönen, von der gleichnamigen Grünanlage geprägten Umgebung.

KÖNIGSPALAST VON CAPODIMONTE

Das mächtige Gebäude fügt sich bewundernswert in den weitläufigen und grünen gleichnamigen Park, der den Hügel von Capodimonte krönt, ein. Der Bauplan für die neue königliche Residenz wurde von G. Antonio Medrano auf Geheiß Karls von Bourbon ausgeführt, welcher hier auch die farnesischen Kunstsammlungen unterbringen wollte. Die Fertigstellung der im Jahre 1738 begonnenen Arbeiten nahm fast ein Jahrhundert in Anspruch. Der Palast zeigt sich in harmonischen architektonischen Proportionen, die durch die schlanken, mit dem rötlichen Farbton der Außenwände kontrastierenden, Wandpfeiler aus ,,Piperno'' (Trachytart) unterstrichen werden.
In den Innenräumen finden das äußerst wichtige **Museum** und die **Nationalgalerie von Capodimonte**, die in den fünfziger Jahren neu eingerichtet wurden, ihre würdige Unterbringung. Unter den hervorragendsten hier ausgestellten Malern heben wir Simone Martini (*Hl. Ludwig von Toulose*), Masolino da Panicale *(Mariä Himmerlfahrt),* Masaccio *(Kreuzigung),* Botticelli (*Maria mit dem Kind und Engeln*), Sebastiano del Piombo (*Hl. Familie mit dem Johannesknaben*), Correggio (*Zigeunermädchen*), Giovanni Bellini (*Verklärung Christi*), Mantegna (*Porträt des Francesco Gonzaga*), Tizian (*Porträt Pauls III Farnese*), Caravaggio (*Geißelung*), Pieter Brueghel (*Gleichnis von den Blinden*), Lucas Cranach (*Christus und die Ehebrecherin*) und El Greco (*Auf eine glühende Kohle blasender Jüngling*) hervor.
In der sogenannten **Galerie des 19. Jahrhunderts** finden

Ein Blick auf Neapel und seinen vom Vesuv gerahmten Golf: im Bild kann das schwierige Gleichgewicht zwischen der natürlichen Landschaft und den menschlichen Eingriffen zusammengefaßt werden.

Ein charakteristischer Souvenir-Verkaufsstand.

einige Kunstwerke von Meistern des vergangenen Jahrhunderts ihren Platz, hauptsächlich neapolitanische, wenn auch die Präsenz der anderen italienischen Malerschulen zusammen mit zahlreichen Künstlern ausländischer Herkunft nicht unbeachtlich ist. Eine äußerst charakteristische Botschaft wird durch das **Historische Appartement und Museum** übermittelt, in dem wertvolle Porzellan-Muster, die in der Stadt und im Ausland hergestellt sind, ihren Platz gefunden haben. Zum Schluß sind noch die *Sammlung De Ciccio* (italienisches und ausländisches Porzellan und Majoliken vom 13. bis zum 18. Jahrhundert) und der sogenannte *kleine Porzellansalon*, eine raffinierte Ausführung der zweiten Hälfte des 18. Jahrhunderts, eine Erwähnung wert. Im **Park**, auch als *Wald von Capodimonte* bekannt, erhebt sich ein Gebäude des 18. Jahrhunderts, in dem die berühmte *Porzellan-Manufaktur von Capodimonte* untergebracht ist.

POSILLIPO

Der herrliche Hügel von Posillipo zählt zu den schönsten Wohngebieten Neapels und besteht aus einem Tuffstein-Bergrücken, der der Rest eines alten, zur Zeit der vulkanischen Unruhen, die die nahe phlegräische Region erschütterten, aktiven Kraters ist. Die Folge von Parks und herrlichen Wohnsitzen, abgewechselt von malerischen Abhängen und eindrucksvollen Meeresbuchten, all das bereichert durch das fantastische Panorama auf den Golf, machen aus dieser Ecke der Stadt, zwischen *Marechiaro* und *Mergellina*, einen paradiesischen Winkel, der gut mit dem Ortsnamen eindeutig griechischen Ursprungs harmoniert (*Pausilypon* = der, der den Schmerz lindert). Hier stand früher die römische **Villa Pausilypon**, erst im Besitz Vedius Polliones und dann Augustus gehörend, in deren Umgebung zahlreiche Spuren öffentlicher Gebäude gefunden worden sind. Bei **Marechiaro**, dem malerischen Vorort am Meer, der das typische Bild eines neapolitanischen Küsten-Viertels, belebt durch das helle, weite Panorama, zeigt, erhebt sich ein durch ein neapolitanisches Lied berühmt gewordenes Gebäude. Heute noch hält eine Gedenktafel die Erinnerung an das berühmte ,,fenesta'' (Fenster) wach, das in dem Lied von Salvatore di Giacomo ,,A Marechiaro'', vertont von F.P. Tosti, unsterblich geworden ist.

Posillipo: eine Ansicht des berühmten Fensters in Marechiaro und eine Abbildung des gleichnamigen Stadtteils am Meer, zwei Gesichter des malerischen Neapel.

Wenn auch der populäre Kitsch uns häufig den bezaubernden Entwurf des Golfes von Neapel, gerahmt vom rauchenden Profil des Vesuvs, übermittelt, sei es, daß es sich um alte Drucke oder Gemälde, sei es, daß es sich um verblaßte Postkarten handelt, so darf man doch die Realität dieses aktiven Vulkans nicht vergessen, der 12 km südöstlich der Stadt liegt. Genauso wie er wesentlicher Bestandteil der neapolitanischen Landschaft ist, hat er das Leben und die Geschichte eines sehr weiten Gebietes beeinflußt.

Das einzige Beispiel für einen aktiven Vulkan auf dem europäischen Kontinent ist durch ein abgebrochen-kegelförmiges Profil und durch eine komplexe morphologische Struktur charakterisiert. Das vulkanische Gebiet des Vesuv, zurückzuführen auf den Typ der Schildvulkane, zeigt zwei genau abgegrenzte und voneinander unterschiedene morphologische Entitäten: genau gesagt, den *Berg Somma* und den *Vesuv*. Der erste repräsentiert die ursprüngliche vulkanische Struktur, die sich bis zu 1132 m erhebt, während der zweite, auch als *Großer Kegel* bekannt, im Innern des weitläufigen Kessels etwas südlich der Mitte liegt und eine aktuelle Höhe von 1172 m erreicht. Der Kraterrand des Berges Somma hat einen Umfang von ungefähr 11 Km während der des Vesuvs ca. 1500 m mißt. Der große Kegel ist von dem vulkanischen Hauptschild des Somma durch das sogenannte *Tal des Giganten* getrennt, welches seinerseits in den *Pferdevorhof* (im Westen) und des *Höllental* (im Osten) geteilt ist.

Das Gebiet, das sich geologisch im späten Pleistozän-Zeitalter gebildet hat, rühmt sich einer langen Aktivität, die in vier Phasen zusammengefaßt werden kann: *urtümlicher Somma, alter Somma, jüngerer Somma* und *Vesuv*. Unter den bekanntesten Eruptionen, von denen wir sichere Zeugnisse haben, stechen die Katastrophe vom 24. August des Jahres 79 n.Chr. - die Pompeji, Herculaneum und Stabia dem Erdboden gleich gemacht hat - und diejenigen von 472, 685, 1036, 1139, 1631, 1737, 1794, 1822, 1855, 1858, 1861, 1872, 1906 und 1929 hervor. Die letzte Eruption, im März 1944, hat die Siedlungen von San Sebastiano al Vesuvio und Massa di Somma zerstört, damit auf unmißverständliche Weise die Risiken und die Grenzen der maßlosen Urbanisierung, die sich an den Hängen des Vulkans ausgebreitet hat, aufzeigend. Letztere geht bis heute in ungeahnten Maßen weiter, als ginge es darum, die ewige Herausforderung des Menschen gegenüber dem unruhigen Gebirge immer wieder zu erneuern.

Ansicht des Vesuvs.

Ein Bild der bezaubernden Küste von Sorrent. ►

DIE INSEL CAPRI

Capri mit seinen hervorragenden Schiffsverbindungen zum Festland (Neapel und Sorrent) liegt knapp 5 km vor der Punta Campanella, der äußersten Landspitze der sorrentinischen Halbinsel im tyrrhenischen Meer. Die Inselbewohner (ca. 12.500) verteilen sich auf die Gemeinden Capri und Anacapri. Die Insel mit einer territorialen Ausdehnung von ca. 11 qkm ist ungefähr 6 km lang und mißt an der breitesten Stelle rund 3 km. Eine 17 km lange Küstenstraße führt rund um die Insel.
Capri liegt gegenüber der sorrentinischen Halbinsel, von der sie durch die schmale Meerenge Bocca Piccola getrennt ist. Die geologische Struktur der Insel beruht vorwiegend auf Kalkstein; daneben findet man Tuff und Pozzolanerde, die im Verlauf der Paroxysmen auf den Phlegräischen Feldern und während der Vesuvausbrüche vom Wind herübergeweht wurden. Die felsigen Steilküsten geben den Blick auf eine Reihe von Grotten frei. Zahlreiche aus dem Meer ragende Felsenriffe, darunter die berühmten Faraglioni-Klippen, legen sich wie ein steinerner Kranz um die Insel. Die höchsten Erhebungen sind der Monte Solaro (589 m), der Monte S. Maria (499 m) und der Monte Tiberio (355 m). Von den zahlreichen phantasievollen Versionen über die Namensgründung der Insel - *Caprea* nach Strabo, der auf die felsige Bodenbeschaffenheit anspielt, oder *Capraim*, ein semitischer Ausdruck, der ,,zwei Dörfer'' bedeutet - überzeugt *Capreae* zweifellos am meisten, da sich der Name, wie Varro behauptet, auf die Wildschweine (*Càprios* nach der griechischen Schreibweise) bezieht, die einst auf der Insel in großer Zahl anzutreffen waren. Daß Capri eine griechische Kolonie war, ist hinreichend bekannt, obwohl man annimmt, daß die Insel bereits im Paläolithikum besiedelt war.
Nach dem Tode von Augustus (14 n. Chr.) verwandelte sein Nachfolger Tiberius Capri in ein goldenes Exil, insofern als der Kaiser hier freiwillig das letzte Jahrzehnt seines Lebens verbrachte. Mit seinem Tod (37 n. Chr.) in der Nähe der Villa des Lukull in Miseno, der ihn ereilte, als er vergeblich versuchte, seine geliebte Insel zu erreichen, begann das Interesse der Römer an der Insel zu sinken. Nach dem Untergang des Römischen Reiches unterstand Capri den Äbten von Montecassino und den Neapolitanern. In dieser Zeit wurde die Insel wiederholt von Piratenüberfällen, vor allem durch die Sarazener, heimgesucht. Nachdem zunächst die Langobarden und danach die Normannen die Kontrolle über die Insel hatten, löste eine Fremdherrschaft die andere ab: durch die Aragonier, Anjous sowie die einfallenden türkischen Piraten Khaurad-Din (*Barbarossa*) und Dragut. Anschließend wurde Capri lange Zeit von den Spaniern verwaltet, erlebte im XVII. Jahrhundert eine furchtbare Pestilenz und fiel dann unter die Herrschaft der Bourbonen. Während der napoleonischen Kriege stritten sich Franzosen und Engländer um die Insel, die später noch einmal in die Hände der Bourbonen gelangte, bevor sie dem jungen Königreich Italien angegliedert wurde.

MARINA GRANDE

Hier erstreckte sich in augusteischer Zeit ein Sandstrand, die *Grande Marina*, den die Römer als Landeplatz für ihre Schiffe benutzten. Später schufen sie an dieser Stelle einen regelrechten Hafen, der im Vergleich zu den heutigen Hafenanlagen weiter westlich lag, etwa auf der Höhe der *Punte Vivara*, von der man die kaiserliche Residenz **Palazzo a Mare** erreichte. Spuren dieses antiken Hafens, der von Tiberius ausgebaut und befestigt worden war, um bessere Verbindungen zu der vor Miseno liegenden Flotte zu schaffen, sind noch heute sichtbar und zeugen von der Bedeutung der Insel in der höchsten Blütezeit des Römischen Reiches zwischen dem I. Jahrhundert vor und dem I. Jahrhundert nach Christus.

Heute ist Marina Grande ein reizender Küstenort, der sich in wunderschöner Lage am Fuße des grünen Bergsattels erstreckt, auf dem das romantische Städtchen Capri liegt. Das Siedlungsgebiet von Marina Grande geht praktisch nahtlos in den oberhalb gelegenen Hauptort über. Den zum Hafen blickenden salonartigen Platz, der stets von einer Menge Touristen bevölkert ist, säumen die für Capri typischen Häuser mit Terrassen, Balkonen, Loggien und bunten Fassaden, die hin und wieder durch das ,,pompejanische'' Rot belebt werden, das im Kontext der Inselfarben, aber auch im Landschaftsbild der gesamten neapolitanischen Küste starke Akzente setzt. Der erste Eindruck, den der Besucher von dieser einzigartigen Insel erhält, grenzt an eine märchenhafte Dimension: der Blick wird zunächst angezogen von dem idyllischen kleinen Hafen, den Booten und einer Zeile malerischer Fischerhäuser und schweift dann über die oberhalb von Marina ansteigenden grünen Hügel, die auf der Spitze des Bergsattels die ersten Häuser von Capri erkennen lassen. An den terrassenartigen Hängen, die von einer üppigen mediterranen Flora bedeckt sind oder durch des Menschen zähe Arbeit fruchtbares Ackerland entstehen ließen, ragen hier und dort die mächtigen Kronen der Strandkiefern empor, und die wie ein Amphitheater kulissenartig angeordneten, weißen Häuser vor den steilabfallenden, grauen Kalkfelsen runden das Bild dieser überwältigenden Mittelmeerlandschaft ab.

Der Hafen von Marina Grande wird von zwei mächtigen Molen begrenzt; am äußersten Ende der westlichen Mole zeugt eine auf hohem Sockel stehende *Säule* mit korinthischem Kapitell von der Bedeutung, die man auch heute noch der Anwesenheit der Römer auf Capri beimißt. Weiter östlich liegt der moderne Yachthafen mit hervorragenden Wassersporteinrichtungen und herrlichen Booten, die dazu beitragen, den touristischen und mondänen Charakter dieser Trauminsel zu heben.

Ein Aspekt, der das pulsierende Leben von Marina Grande am deutlichsten zum Ausdruck bringt, sind die bunten Fischerboote, die zu Dutzenden vor der Strandlinie verankert oder auf die Sandbank gezogen sind.

Bei schönem Wetter und gutem Seegang laden Ausflugsschiffe und Motorboote aller Art zu Inselrundfahrten oder zum Besuch der zahlreichen **Grotten** und zu den **Faraglioni-Klippen** ein.

Marina Grande und sein Hafen am Fuße des Monte Solaro.

Das Belvedere.

Folgende Seiten: die berühmte ,,Piazzetta'' von Capri, mondänes Touristenzentrum der Insel.

CAPRI

Der Hauptort der Insel liegt auf dem Bergsattel zwischen dem Monte S. Maria, Monte Tuoro und Monte Tiberio. Die *Piazza Umberto I*, allgemein **Piazzetta** genannt, ist das pulsierende Herz des Städtchens und zugleich der Hauptanziehungspol für den Tourismus der gesamten Insel. Das ,,kleine Welttheater'', wie der Platz früher genannt wurde, ist in Wirklichkeit der ,,gute Salon'' von Capri. An den Tischchen der Platzcafés mit ihren typischen bunten Sonnenschirmen saßen zu allen Zeiten Prominente aus jeder Sparte des Kulturlebens: Literatur, Film, Mode, Politik und Geschäftswelt. Beliebtester Treff und obligatorischer Durchgangsort fur den schier endlosen Touristenstrom während des ganzen Jahres, öffnet sich die Piazzetta an der Stelle, wo die ersten griechischen Siedler zwischen dem V. und IV. Jahrhundert v. Chr. ihre Akropolis errichtet hatten. Imposante Reste der antiken Festung von Capri aus hellenistischer Zeit sind noch heute an der Bergstation der Schwebebahn sichtbar, wo sie in die Häuser und Umfassungsmauern der mittelalterlichen Stadtanlage einbezogen wurden. Die Piazzetta wird von dem charakteristischen **Uhrturm** (Torre dell'Orologio) überragt, dem Glockenturm der ehemaligen Kathedrale, der heute von einer kleinen Kuppel mit unverkennbar orientalischer Prägung gekrönt wird. Der Glockenstuhl weist Rundbogenfenster auf. Eine Seite dieses malerischen Komplexes nimmt der **Rathauspalast** (Palazzo del Municipio) und frühere Bischofsresidenz ein, die an der Fassade steinerne Inschriften trägt. Auf der gegenüberliegenden Seite erhebt sich die bewegte Flanke der **Kirche S. Stefano**, die man über eine kurze Treppe erreicht. Hinter dem Uhrturm öffnet sich die Piazzetta zur Loggia des *Belvedere*. Die Aussichtsterrasse wird von weißen Säulen gesäumt, die auf hohen Sockeln stehen. Von der Balustrade der Loggetta genießt man ein spektakuläres Panorama. Der Rundblick umfaßt das typische Profil von Ischia, das Gebiet der Phlegräischen Felder und den ganzen Golf von Neapel, der von der mächtigen Silhouette des Vesuvs überragt wird. Besonders malerisch ist der Blick am Abend, wenn die Lichter Capris sich gegen den dunklen Berg abheben, dessen Umrisse noch im letzten Dämmerschein zu erkennen sind und eine zauberhafte Kulisse entstehen lassen, die wie eine Weihnachtskrippe anmutet.

IL MATTINO

MUNICIPIO
IL SOLE
E REGALA
LA LUNA

KIRCHE SANTO STEFANO

Das Gebäude, das wir heute sehen, ist das Ergebnis eines Entwurfs des Architekten Picchiatti aus dem späten siebzehnten Jahrhundert. Der Bau wurde von dem aus Amalfi stammenden Architekten Marziale Desiderio fertiggestellt, der den typisch capresischen Bauformen barocke Züge verlieh. Die Kirche entstand an der Stelle der ehemaligen Kathedrale, von der nur der sogenannte *Uhrturm* erhalten ist. Der Außenbau wird an der Langseite durch haubenförmige Gebäudeteile belebt, auf denen Tamboure sitzen, die von anmutigen orientalisierenden Kuppeln gekrönt werden. Über dem Komplex erhebt sich die zentrale Kuppel, in der sich am unteren Ansatz eine Reihe von Spitzbogenfenstern öffnen. Von außergewöhnlichem künstlerischen Wert ist im Inneren der Fußboden unter dem Altar: es handelt sich um einen kostbaren Marmorfußboden mit farbigen Einlegearbeiten, der von der *Villa Jovis*, der berühmtesten der vielen Villen des Tiberius, hierher verbracht wurde. In der *Rosenkranzkapelle* (Cappella del Rosario) liegen Teile eines weiteren römischen Fußbodens, der aller Wahrscheinlichkeit nach ebenfalls aus einer römischen Residenz stammt: der *Villa di Tragara*. Von künstlerischem Interesse sind ferner die Grabmonumente der Arcucci, die der Florentiner Bildhauer Michelangelo Naccherino im XVI. - XVII. Jahrhundert ausführte, sowie ein Gemälde des XVI. Jahrhunderts mit der Darstellung der *Madonna mit dem Kind und den Heiligen Michael und Antonius.*

◄ *Die Kuppeln von S. Stefano in fast orientalischem Stil und ein Bild des Palazzo Cerio mit seinem schönen schmiedeeisernen Gitter.*

Zauberhafte Eindrücke des mittelalterlichen Viertels von Capri.

PALAZZO CERIO

Das Gebäude liegt am Rand des kleinen gleichnamigen Platzes an der Kirche S. Stefano. Der charakteristischen Loggia im Erdgeschoß ist eine breite Treppe vorgelagert. Hier befand sich früher ein Festungsbau aus der angiovinischen Zeit (XIV. Jahrh.), der später radikal verändert wurde. Im Innern des Palastes wurde das **Centro Etnologico Caprese** untergebracht; das völkerkundliche Museum besitzt bedeutende Skulpturen und Keramik aus der Eisenzeit, Fossiliensammlungen und archäologische Zeugnisse, die hier in Capri freigelegt wurden. Ein großer Teil des in diesem interessanten Museum zusammengetragenen Materials wurde von dem Arzt und Naturforscher Ignazio Cerio gefunden, der als einer der ersten zu Beginn unseres Jahrhunderts Ausgrabungen durchführte.

MITTELALTERLICHES VIERTEL

Rund um die berühmte Piazzetta und auf der anderen Seite der Kirche S. Stefano leitet ein Gewirr von Gassen und engen Sträßchen zum mittelalterlichen Viertel Capris über. Auch hier dominiert das Weiß der Fassaden an Häusern und Palästen, die vorwiegend aus Kalkstein und Tuffmaterial erbaut sind. Zu den bezeichnendsten Gebäuden des mittelalterlichen Stadtviertels gehört die von Dionisio Lazzari entworfene **Chiesa del Salvatore**, eine Kirche aus dem siebzehnten Jahrhundert, die mit dem angrenzenden *Kloster der Tertiarierinnen* (Convento delle Terziarie) einen für die damalige Zeit typischen Baukomplex darstellt. Das malerische Kirchlein S. Anna (XII. Jahrh.) blickt auf einen kleinen Hof und bildet mit den umliegenden Wohnhäusern praktisch eine strukturelle Einheit.

◄ *Ein eindrucksvoller Blick von der Höhe der Via Krupp.* *Die Certosa di San Giacomo.*

VIA KRUPP

Die Panoramastraße für Fußgänger gehört zu den bekanntesten Attraktionen dieser herrlichen Mittelmeerinsel. Sie wurde Anfang unseres Jahrhunderts von deutschen Industriellen gebaut, nach denen sie auch benannt ist. Die Straße, die sich malerisch in das zerklüftete Felsgestein der für die Südseite Capris charakteristischen Steilküste hineinschneidet, führt in engen Kehren und Serpentinen von den *Gärten des Augustus* nach *Marina Piccola.* Ein sarazenischer *Turm* erinnert an die einstigen Kämpfe um den Besitz der Insel.

CERTOSA DI SAN GIACOMO

Die Gründung dieses Kartäuserklosters erfolgte in der zweiten Hälfte des XIV. Jahrhunderts im Auftrag von Giacomo Arcucci, Sekretär der Königin Johanna I. von Neapel und Graf von Altamura und Minervino. Der ältere Teil des Klosterkomplexes ist der Trakt um den Kreuzgang mit den auf kunstvollen Säulen ruhenden Arkaden und Kreuzgratgewölben. Die Architektur wird belebt durch blühende Oleandersträucher, die den zentralgelegenen Brunnen und den barockisierenden sogenannten *Uhrturm* einrahmen. Dieser Teil der Certosa, wo sich auch die *Kirche* und das *Refektorium* befinden, inspiriert sich an der Zisterzienserarchitektur, wogegen der *Chiostro Grande* im sechzehnten Jahrhundert angefügt wurde und sich stark an die Bauformen der Certosa di San Martino in Neapel anlehnt.

Die einschiffige Kirche mit schlichter Linienführung ist äußerst schmucklos. Besondere Beachtung verdient das schöne Spitzbogenportal, dessen Lünette ein Fresko des XIV. Jahrhunderts mit der Darstellung der *Jungfrau mit dem Kind zwischen den Heiligen Bruno und Jakob, der Königin Johanna und des Grafen Arcucci* enthält.

In den angrenzenden Räumen wurde das **Museo della Certosa** eingerichtet. Hier sind unter anderem die vom Salzwasser stark angegriffenen Plastiken zu sehen, die in der Blauen Grotte gefunden wurden.

DIE FARAGLIONI-KLIPPEN

Die rätselhaften, kolossalen Felsen, die aus den Tiefen eines unsagbar blauen Meeres auftauchen, sind seit jeher das meistbekannte Bildmotiv von Capri. Es mag anderswo Klippen mit ähnlichen Formen und Ausmaßen geben, doch wurden die *Faraglioni* zu einer Art Wahrzeichen. Die vor der südöstlichen Küste der Insel gelegenen Klippen entstanden durch die jahrhundertelange Erosion des Wassers, das die Felswand regelrecht auflöste und vom Kernland der Insel abtrennte. Dabei bildeten sich Felsspalten, Höhlen, Grotten und wunderschöne, natürlich gewachsene Felsbögen, wie sie überall an der capresischen Küste, insbesondere aber in diesem Teil der Insel, zu sehen sind. Die Klippen teilen sich in drei Gruppen, die *Faraglioni di terra, Faraglioni di mezzo* und *Faraglioni di fuori* mit einer Höhe von jeweils 111, 81 und 105 Metern. In der Nähe,

gegenüber dem sogenannten Hafen von Tragara, ragt der *Scoglio del Monacone* aus dem Meer. Beliebtes Motiv für Fotografen und Fotoamateure, sind diese Klippen mit dem Boot leicht erreichbar und stellen eine obligatorische Etappe der Inselrundfahrt dar. Das kristallklare Wasser erreicht hier beachtliche Tiefen und ist ein wahres Paradies für Sporttaucher und Naturfreunde. Auf der äußersten Klippe lebt die selten gewordene Eidechsenart *Lacerta coeruleas faraglionensis.*

Die mächtigen Faraglioni-Klippen von Capri faszinieren immer wieder durch ihre großartige Schönheit.

Ein bezaubernder Ausschnitt des Felsbogens und ein Blick auf die Grotta di Matermania.

FELSBOGEN

Dieses bizarre Naturphänomen ist neben den Faraglioni-Klippen und der nahegelegenen Grotta di Matermania eine der Hauptattraktionen dieses Inselteils. Der Zugang zu diesem Felsbogen erfolgt über eine Treppe, die von dem stets belebten Hauptweg abzweigt. Der Rundgang beginnt im Ortskern von Capri, verläuft am Rand von Matermania über die Via Camerelle, Via Tragara und Via Matermania und führt dann rund um den Monte Tuoro.

GROTTA DI MATERMANIA

Im Verlauf der Panoramastraße, die sich gegenüber den spektakulären Faraglioni-Klippen verzweigt, erreicht man auf dem Höhenweg die Bucht Cala del Fico. Hier, auf der Landspitze Punta di Massullo, zeichnet sich die unverwechselbare Silhouette der *Casa Rossa* ab, der ehemaligen Villa des toskanischen Schriftstellers Curzio Malaparte. Kurz danach zweigt ein Weg zur Grotta di Matromania ab. Mit der auch als *Grotta di Matermania* bekannten Felsgrotte verknüpft man die orgiastischen Riten des Kultes

Marina Piccola mit den Badeanlagen und dem Felsvorsprung Scoglio delle Sirene.

der *Mater Magna*, der in der Kaiserzeit auf der Halbinsel von Sorrent starkt verbreitet und mit dem Kult der Kybele vergleichbar war. Die Grotte in ihrer heutigen Form läßt die Hand der Römer erkennen, die der Natur hier nachhalfen und die Felsgewölbe durch Mauerwerk verstärkten. Von den Mosaik- und Stuckdekorationen jener Zeit sind jedoch nur noch geringfügige Spuren zu erkennen.

MARINA PICCOLA

Das kleinere, ungemein reizvolle Marina Piccola strahlt eine besondere Atmosphäre aus; an den lieblichen Buchten entwickelte sich in den fünfziger und sechziger Jahren ein reger Fremdenverkehr, der vor allem bekannte Persönlichkeiten aus dem Film- und Showgeschäft und der Kulturszene anzog.
Zahlreiche Spuren deuten darauf hin, daß dieser Ort schon in frühesten Zeiten besiedelt war. An den mächtigen Felswänden, die sich an der Ostseite des Monte Solaro hinziehen, öffnet sich hoch über der Bucht die sogenannte *Grotta delle Felci*, einer der bedeutendsten prähistorischen Niederlassungen der Insel. Archäologische Forschungen brachten eine Menge Hausrat und Gebrauchsgegenstände sowie Reste von Grabbeigaben und primitiven Keramikdekors ans Licht. Diese Grotte, die von der Jungsteinzeit bis zur Bronzezeit bewohnt war, diente zugleich als Aussichts- und Kontrollpunkt entlang der Südküste. In der Kaiserzeit befestigten die Römer den natürlichen Anlegeplatz; Mauerreste des antiken römischen Hafens sind noch heute am sogenannten *Scoglio delle Sirene* sichtbar.
Man erreicht die reizende Bucht mit Marina Piccola auf der gleichnamigen Straße oder über die Via Krupp. Der malerische Felsvorsprung Scoglio delle Sirene oder *Scoglio di Mulo* bildet eine natürliche Trennung zwischen *Marina di Mulo*, das sich im Westen bis zur gleichnamigen Landspitze hinzieht, und *Marina di Pennauto*, das sich im Osten bis zu den imposanten Umrissen der Faraglioni-Klippen erstreckt. Neben zahlreichen Fremdenverkehrseinrichtungen besitzt dieses Seebad typische Restaurants und Modelokale, wie das bekannte „Canzone del Mare", das in den Goldenen Jahren des Films zum Treffpunkt namhafter Künstler aus aller Welt wurde.
Marina Piccola ist eine der wichtigsten Abfahrtsstellen für Inselrundfahrten mit dem eigenen Boot oder öffentlichen Touristenschiffen.

◄ *In den Felswänden von Capri öffnen sich Dutzende von mehr oder weniger großen Grotten.*

Eine Ansicht des Castello del Castiglione.

CASTELLO DEL CASTIGLIONE

Zu den lohnendsten Ausflügen zählt zweifellos der Aufstieg zum Aussichtspunkt Castiglione, und sei es nur, um das spektakuläre Panorama auf die Faraglioni-Klippen und die Häuser von Capri zu genießen, die, eingebettet in die dichte mediterrane Macchia, sich im Halbrund an die Hänge des Bergsattels schmiegen, der Maria Grande von Marina Picola trennt.
Von hier aus lassen sich auch die rein mittelalterlichen Bautypologien in ihrer Gesamtheit unterscheiden, die das antike Stadtgefüge des historischen Kerns von Capri auf einzigartige Weise kennzeichnen. Das Castello del Castiglione in seiner heutigen Form ist das Ergebnis einer umfassenden Restaurierungsarbeit, die in relativ neuerer Zeit zum Abschluß kam. Die mächtigen, zinnenbekrönten Bastionen und massiven quadratischen Festungstürme, ebenfalls mit Zinnenkranz, erheben sich auf der Spitze des Felsenberges, der zum Meer senkrecht abstürzt und in dessen nackten Wänden sich die riesige Grotta del Castiglione öffnet. Die der Certosa di San Giacomo zugewandte Bergseite hingegen bedeckt dichter Wald, in dem einige typische Luxus-Villen von Capri liegen. Castello del Castiglione war ursprünglich eine mittelalterliche Burg, die über der antiken griechischen Akropolis erbaut worden war. Zur Zeit der zahlreichen Piratenüberfälle diente die Festung als Bollwerk zur Verteidigung von Capri, obgleich sich die Einwohner regelmäßig in die *Grotta del Castiglione* flüchteten. Diese Grotte, die bereits in prähistorischer Zeit, seit dem Neolithikum, besiedelt war, wurde von den Römern als Nymphäum benutzt, das mit der oberhalb gelegenen *Villa Imperiale* verbunden war. Diese großartige Villa am Westhang von Castiglione, von der heute nur noch geringfügige Reste und Mauerfundamente in *opus reticulatum* zeugen, wurde gegen Ende des XVIII. Jahrhunderts von dem österreichischen Archäologen Norbert Hadrawa freigelegt. Man vermutet, daß die zahlreichen Innenräume, die später schändlicherweise wieder zugeschüttet wurden, eine Unzahl aufschlußreicher und wertvoller Funde enthielten, wie Marmorfußböden, Fresken und Stuckdekorationen, die leider infolge der von Hadrawa selbst verursachten Plünderungen zum Teil verlorengingen.

Der Blick auf die südliche Küste in Richtung Marina Piccola.

Der Hauptkorridor der Villa Jovis.

VILLA JOVIS

Die imposanten Überreste einer großartigen römischen Villa aus der Kaiserzeit überragen das Plateau, das auf dem sogenannten Monte di Tiberio (335 m) liegt. Die nach der höchsten olympischen Gottheit benannte Villa ist die bedeutendste und prächtigste der zahlreichen Paläste, die in augusteisch-tiberischer Zeit auf Capri erbaut worden waren. In einem Bericht von Tacitus wird dem Nachfolger des Augustus der Bau von nicht weniger als 12 kaiserlichen Residenzen zugeschrieben, die dem Kult der Dei Consenti (Jupiter, Apollo, Neptun, Mars, Vulcan, Merkur, Juno, Minerva, Venus, Vesta, Caeres, Diana) geweiht waren.

Wenn man in der Ortsmitte von Capri zunächst die Via Sopramonte einschlägt und dann in die Via Tiberio einbiegt, die sich als Via Moneta fortsetzt, kann man die Villa nicht verfehlen. Der Weg führt einen sanften Abhang hinunter mit schmalen Sträßchen, die von wunderschönen Gärten, Parks und Sommerhäusern gesäumt werden; hier und dort hat man einen bezaubernden Ausblick auf Capri und seine Dächer, zu denen die typische Inselarchitektur und das gleißende Weiß der Häuser einen faszinierenden Kontrast bilden.

Kurz vor den Ruinen der Villa Jovis liegen rechterhand die abgeschlagenen Reste eines weiteren römischen Turms. Es handelte sich um einen antiken *Leuchtturm*, der mit Feuerzeichen oder Rauch betrieben wurde. Während des Aufenthalts von Tiberius auf Capri war diese Einrichtung von vitaler Bedeutung, da der Kaiser so in der Lage war, täglich mit dem Festland Verbindung zu halten, insofern als die Signale zu einem Leuchtturm auf der Punta Campanella, der äußersten Landspitze der sorrentinischen Halbinsel, gesandt wurden. Auf diese Weise leitete Tiberius in den letzten Jahren seiner schwierigen Regierungszeit die Geschicke des Reiches. Der gleiche Turm stellte auch den Kontakt zu dem weiter entfernten Capo Miseno dar, wo die kaiserliche Flotte vor Anker lag. Kurioserweise stürzte der Leuchtturm kurz vor dem Tod des Tiberius durch ein Erdbeben ein; der wiederhergestellte und restaurierte Turm diente später als Hilfsleuchtturm für die Schiffahrt und war bis Ende des XVII. Jahrhunderts in Betrieb. Über die Persönlichkeit des Tiberius wurde viel geschrieben, wobei man sich häufig mit seinen mutmaßlichen Lastern und Verderbtheiten befaßte anstatt mit den Tugenden und Qualitäten, die der Herrscher des immensen Römischen

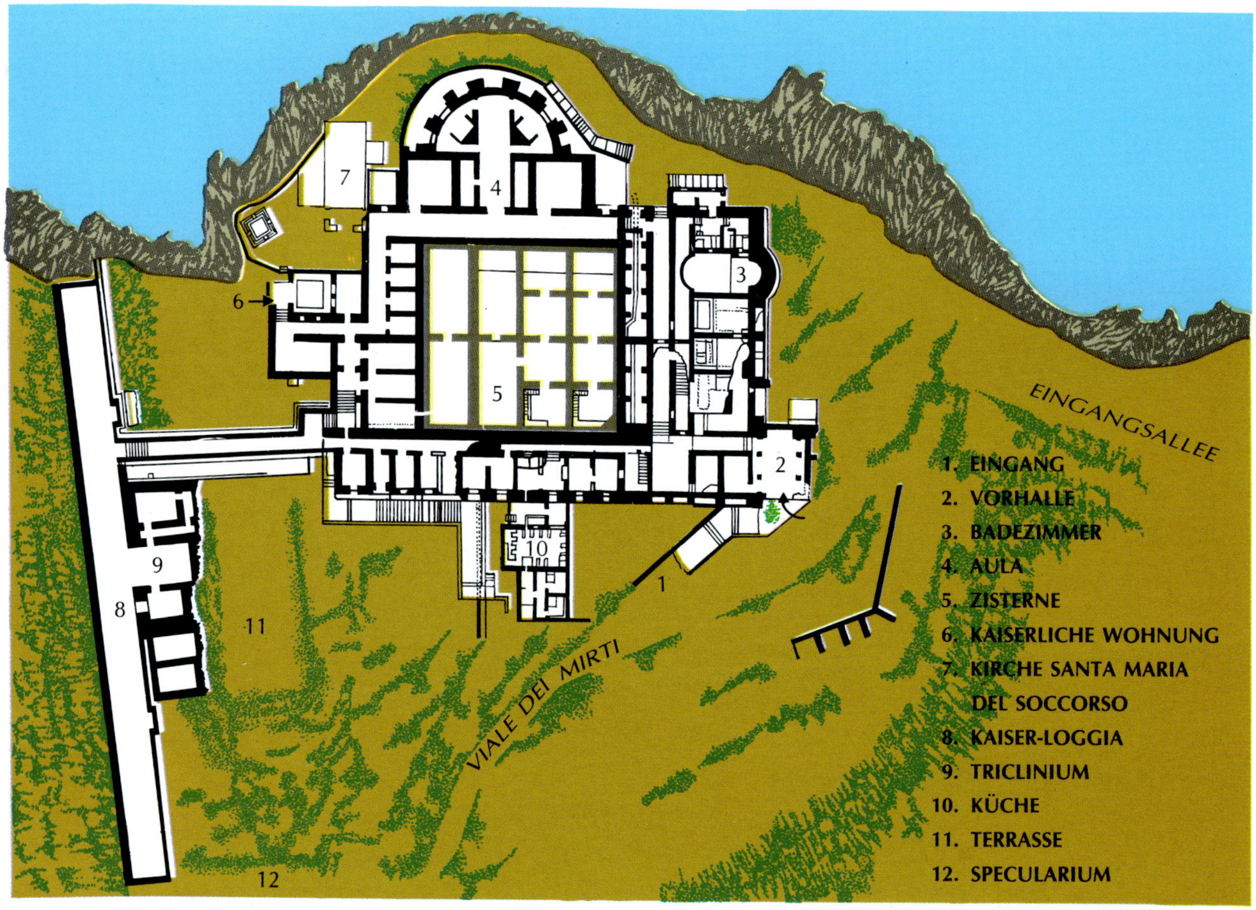

Reiches zweifellos besaß. Dabei darf nicht vergessen werden, daß viele Anekdoten in bezug auf den Nachfolger des Augustus - sie mögen wahr sein oder nicht - aus Berichten von Autoren stammen, die diesem Kaiser eindeutig feindlich gesinnt waren. Man sollte deshalb nicht vorschnell urteilen und erst den Weizen von der Spreu trennen, wenn von den grausamen Bestrafungen die Rede ist, die der Kaiser angeblich untreuen Familien und Dienern auferlegte, oder von Hinrichtungen, bei denen seine Feinde den heute als *Salto di Tiberio* bekannten Abgrund hinuntergestürzt wurden, und gar von der Ermordung von Jünglingen und jungen Mädchen in der Dunkelheit der Blauen Grotte nach verbotenen Liebespielen mit Beteiligten beiderlei Geschlechts. In diesem Zusammenhang schreibt Axel Munthe wörtlich (*Das Buch von San Michele*, List Verlag München, 1963): „... Was die düsteren Gerüchte in den Annalen des Tacitus betrifft, erzählte ich Lord Dufferin, die Geschichte sei nie in einen größeren Irrtum verfallen als da sie diesen großen Kaiser ehrloser Gemeinheiten zieh. Man berief sich dabei auf Zeugnisse seines Hauptanklägers, ‚jenes Verleumders der Menschheit', wie Napoleon ihn nannte. Tacitus war ein glänzender Schriftsteller, aber seine Annalen sind historische Novellen, nicht Geschichte... Daß Tacitus selbst nicht an die Capri-Orgien glaubte, ist schon daraus ersichtlich, daß seine Darstellung in keiner Weise mit dem, was er sonst über Tiberius schreibt, in Einklang zu bringen ist. Er schildert ihn als einen großen Kaiser und großen Mann: ‚bewundernswert als Charakter in hohem Ansehen'. Selbst sein weit unbedeutenderer Nachfolger Sueton leitet seine schmutzigsten Geschichten mit dem Bemerken ein, daß es ‘kaum statthaft sei, sie zu erzählen, und noch weniger, sie zu glauben'... Tiberius war achtundsechzig Jahre alt, als er sich nach Capri zurückzog. Sein Ruf als Mann von äußerster Sittenstrenge war selbst von seinen schlimmsten Feinden nie angetastet worden. Auch die Version krankhafter Geistesstörung als Folge von Altersschwäche ist unhaltbar, weil alle Geschichtsschreiber sich darin einig sind, daß der Kaiser bis zu seinem Tode - er starb mit neunundsiebzig Jahren - geistig und physisch vollkommen gesund war. Und jene Erbanlage zum Wahnsinn, die den Stamm der Julier belastete, ist niemals bei den Claudiern aufgetreten. Der Kaiser lebte auf der Insel als ein einsamer alter Mann, ein müder Herrscher einer undankbaren Welt, ein schwermütiger Idealist, verbittert und mit gebrochenem Herzen. Man würde ihn heute vielleicht einen Hypochonder nennen, dessen überragender Geist und seltener Humor noch seinen Glauben an die Menscheit überlebten. Er mißtraute seinen Mitmenschen und verachtete sie; kein Wunder, fast jeder Mann und jede Frau, denen er vertraute, hatten ihn verraten...".

Der Hauptkörper der Villa Jovis oder des *Tiberius-Palastes* liegt auf der äußersten östlichen Landspitze von Capri inmitten einer unbeschreiblich schönen landschaftlichen Szenerie. Oberhalb der Ruinen steht das Kirchlein *S. Maria del Soccorso*, das an der Stelle eines den Heiligen *Christophorus und Leonhard* geweihten, mittelalterlichen Vorläuferbaus errichtet wurde. Wenige Schritte entfernt grüßt eine *Marienstatue* an der Stelle, wo der Blick die ganze Insel umgreift und man fern am Horizont Ischia erkennen kann. In östlicher Richtung liegen der Golf von Neapel mit der schon vertrauten Silhouette des Vesuvs, und fast greifbar nahe, die Punta Campanella mit dem weiten Golf von Sorrent. Mittelpunkt der antiken Kaiserpaläste war der imposante *Zisternenkomplex*, wo in riesigen Impluvien das Regenwasser gesammelt und auf diese Weise die ganze Villa mit Wasser versorgt wurde. Rund um diesen Gebäudekern gruppieren sich die heute freigelegten Räume, die eine Fläche von schätzungsweise über 7000 qm einnehmen; vermutlich war die Villa Jovis aber einschließlich der verschiedenen Nebengebäude und Dependencen noch viel größer. Besonders interessant sind die Überreste der Mauern, die zum Teil in *opus reticulatum* und an anderen Stellen in *opus incertum* ausgeführt sind, wogegen die Fußböden häufig Fischgratmuster (opus spicatum) aufweisen. Neben den Zisternen liegt die eigentliche *kaiserliche Wohnung*, von der aus man die sogenannte *Kaiser-Loggia* erreicht. Diese mit Triklinien und Exedren ausgestattete Loggia war Tiberius' Lieblingsort zum Spazierengehen. Einen weiteren beachtlichen Teil der Villa nimmt das *Bad* ein, das nach dem klassischen Schema römischer Thermen aufgeteilt war: Apodyterium (Umkleideraum), Frigidarium, Tepidarium, Calidarium. Ein kompliziertes System von Hypokausten sorgte für die Erhitzung des Wassers.

„Salto di Tiberio": nachdem die Erinnerung an die Grausamkeit des römischen Kaisers verblaßt ist, bleibt heute nur die wilde Schönheit der auf ein unglaublich klares Meer überhängenden Felsen.

DIE BÄDER DES TIBERIUS

Die Überreste der Bäder des Tiberius, wie sie sich heute dem Blick des Besuchers darbieten, bestehen aus einem hohen geböschten Mauerwerk, das sich an einen dichtbewachsenen, jedoch stark abrutschenden Hang schmiegt, ferner aus einem kleinen Raum, der vermutlich Wohnzwecken diente, aus einem Nymphäum mit angrenzender Exedra für die Fischzucht und aus einigen Lagerräumen für einen kleinen Hafen, der zum Schutz gegen die zersetzende Wirkung der Sturzwellen durch Mauerwerk befestigt war.
Da der Komplex im Laufe der Jahrhunderte beachtliche Änderungen und Umbauten erfuhr und ein Kerngebäude größerer Dimensionen völlig fehlt, läßt sich auf den ersten Blick die genaue Lage des ursprünglichen *Palatium* des Augustus nicht bestimmen. Sicher ist aber, daß der Kaiser eine besondere Vorliebe hegte für den heute von den Case Palazzo a Mare eingenommenen Ort und daß er hier eine Villa baute, wenn auch von weit bescheideneren Ausmaßen im Vergleich zu dem prunkvollen Palast, den sein Nachfolger Tiberius am Rand des Felsabsturzes gegenüber der sorrentinischen Halbinsel errichtet hatte. Die *Villa di Palazzo a Mare* ist die einzige, unmittelbar an der Küste gelegene Kaiservilla, da die römischen Architekten, die auf Capri wirkten, meist die traditionelle Hügellage bevorzugten.
Die von Tiberius gebaute Anlage, die heute als *Bäder des Tiberius* bezeichnet wird, ist der einzige Komplex, der in einigermaßen gutem Erhaltungszustand zu uns gelangte, wenn man den jahrhundertelangen Raubbau und die leichtsinnigen Plünderungen berücksichtigt, die der Österreicher Hadrawa Ende des XVIII. Jahrhunderts in der Villa di Palazzo a Mare zuließ, wo ganze Bauteile und künstlerische Dekorationen entfernt wurden.

Ein Blick auf die Bäder des Tiberius von der Loggia der Villa San Michele aus; man beachte besonders die eindrucksvolle Transparenz des Meerwassers.

DIE BLAUE GROTTE

Mit dem Namen Blaue Grotte (Grotta Azzurra) verbindet sich der Inbegriff von Capri. Diese Karsthöhle hat, ebenso wie die Faraglioni-Klippen, dazu beigetragen, die Insel zu einem weltweit berühmten Mythos werden zu lassen. Ein Ausflug zur Blauen Grotte - am besten mit einem der traditionellen Touristenschiffe oder -boote, die in Marina Grande abfahren - ist ein überwältigendes Erlebnis, auf das man während des Aufenthalts auf Capri nicht verzichten sollte. Der Besuch der Blauen Grotte, der nur bei guten Wetterverhältnissen und ruhigem Meer möglich ist, empfiehlt sich am Vormittag, um die einmaligen Lichterspiele zu genießen, deren Reflexe hier unbeschreibliche, faszinierende Farben entstehen lassen.

Die Blaue Grotte, die bereits bei den Römern bekannt und geschätzt war, geriet später völlig in Vergessenheit, und um die einsame Höhle spann sich ein Netz von Furcht, Geheimnis und Aberglauben, in die sich die Inselbewohner durch die Überzeugung hineinsteigerten, daß die Grotte ein Versammlungsort für Hexen wäre und grausame Ungeheuer beherberge. Sehr viel wahrscheinlicher ist hingegen die Tatsache, daß aufgrund der zunehmenden Strandverschiebungserscheinung der Zugang zur Grotte fast gänzlich verschlossen war. Die von Forschern und Kartographen bereits im XVII. Jahrhundert erwähnte Grotte wurde 1826 von zwei wagemutigen Deutschen, dem Schriftsteller A. Kopisch und dem Maler E. Fries, wiederentdeckt. Während man draußen wartet, um durch den engen Durchgang in die Grotte einzufahren, erblickt man die Überreste der *Villa di Gràdola*, auch *Villa di Gradelle* genannt, ein römisches Gebäude, das im Vergleich zu den anderen beachtlichen Zeugnissen aus der Kaiserzeit von geringerer Bedeutung ist. Eine Zeitlang war die darunter liegende Grotte nach dieser Villa benannt, bis man ihr wegen des herrlichen Farbenspiels den jetzigen Namen gab. Immerhin läßt die herausragende Stellung, die in diesem territorialen Kontext der Kaiserresidenz *Villa di Damecuta* zukommt, vermuten, daß die Blaue Grotte von den Römern als Meernymphäum benutzt wurde. Diese Annahme wird unterstützt durch das im Innern der Grotte vorhandene Mauerwerk aus der Römerzeit und durch die Auffindung von Skulpturen, die durch die Strandverschiebung begraben waren und im Laufe des vom Salzwasser bewirkten Korrosionsprozesses beschädigt wurden. Heute sind diese Statuen im Museum der Certosa di San Giacomo ausgestellt.

Die zauberhaft-magische Atmosphäre im Innern der Blauen Grotte wird von den Reflexen des zurückstrahlenden Lichts erzeugt, das durch den schmalen Eingangsspalt eindringt, während die außergewöhnliche kobaltblaue Transparenz von dem diffusen Licht unter dem Wasserspiegel herrührt, wo sich ebenfalls eine Öffnung befindet - wahrscheinlich der Zugang zu einer früheren Höhle, die sich in Urzeiten aufgrund tektonischer Umwälzungen gesenkt hat.

◄ *Blick in das Innere der weltberühmten Blauen Grotte.*

Blick auf Anacapri.

ANACAPRI

Der zweitgrößte Inselort erstreckt sich in herrlicher Lage an den sanften Abhängen unterhalb des Monte Solaro, wo es im Rahmen einer überwältigend schönen Mittelmeerlandschaft ein breites, fruchtbares Plateau einnimmt. Mit Sicherheit eine antike griechische Bergsiedlung, wurde der Ort später von römischen Patriziern bevorzugt, die hier zahlreiche Villen und Sommersitze errichteten. Auch Tiberius, der diesen Teil der Insel besonders liebte, hielt sich häufig hier in seiner Kaiservilla Damecuta auf. Der berühmte schwedische Humanist und Arzt Axel Munthe wählte Anacapri zu seiner zweiten Heimat. In seinem feinempfundenen Roman *Das Buch von San Michele* hinterläßt er der Nachwelt ein märchenhaftes Traumbild von dieser zauberhaften Insel.

Trotz der Zugeständnisse an den wachsenden und immer stärker um sich greifenden Tourismus konnte Anacapri seine Eigenart als Höhenort einer Mittelmeerinsel bewahren. Ein stets wiederkehrendes Motiv bilden die Häuser mit ihrer für Capri so charakteristischen Bauart und den schneeweiß getünchten Fassaden, den luftigen, hellen Terrassen und den oft gewölbeartig überdachten Gebäuden. Ringsum in den Gärten und Lauben gedeiht eine üppige Vegetation, und weiter außerhalb ist die Luft erfüllt mit dem würzigen Duft von wildwachsender Myrte, Ginster, Mastitbäumen, Wacholder und zahlreichen Mittelmeerpflanzen, die sich mit Strand- und Aleppo-Pinien abwechseln.

Anacapri ist ein idealer Urlaubs- und Kurort mit außergewöhnlich mildem und gesundem Klima, sowie günstiger Ausgangspunkt für interessante Exkursionen naturkundlicher und historischer Art. Die Häuser scharen sich um die im Mittelalter erbaute schmucke **Pfarrkirche S. Sofia**, die durch die zentrale Kuppel, mehrere kleinere Kuppeln und dem anmutigen *Uhrturm* belebt wird. Die elegante spätbarocke Fassade (XVIII. Jahrh.) mit zwei Ordnungen wird vertikal durch Lisenen gegliedert.

VILLA SAN MICHELE

Der eklektische und ausgesprochen heterogene Bau liegt im Ortsteil Capodimonte am Rand eines senkrecht abstürzenden Felsabhangs über den Bädern des Tiberius. Eingebunden in den phantastischen Rahmen einer märchenhaft schönen Landschaft gewahrt man in dem schwelgerischen Überfluß der mediterranen Vegetation und zwischen zauberhaften Durchblicken auf die tief unten liegende, kobaltblaue Meeresfläche die weißen Strukturen eines bewegten Baukomplexes.
An der Stelle, wo Axel Munthe ab 1896 mit dem Bau seiner Villa begann, stand früher ein einfaches Bauernhaus, das, wenn auch in veränderter Form, den Kern des Gebäudes bildet. Während der Aushubarbeiten traten umfangreiche Mauerreste aus der römischen Kaiserzeit zutage; die noch heute sichtbaren beachtlichen Mauertrakte in *opus reticulatum* deuten darauf hin, daß hier einst die *Villa di Capodimonte* lag, eine der 12 kaiserlichen Residenzen aus der Zeit des Augustus und Tiberius.
Die Villa, die durch Testamentsvollstreckung an den schwedischen Staat übergegangen ist, wird heute von der verdienstvollen *Stiftung San Michele* verwaltet und vorbildlich erhalten. In der Sommersaison sind in der Villa schwedische Wissenschaftler und Humanisten zu Gast, und nach dem Willen Axel Munthes finden hier künstlerische, literarische und kulturelle Veranstaltungen statt, bei denen die kulturellen Beziehungen zwischen Schweden und Italien voll zum Tragen kommen.
Die *Eingangshalle*, die man durch ein wunderschönes Portal mit halbkreisförmigen Mosaikfries auf Goldgrund und kostbarer Marmordekoration betritt, bedeckt ein Mosaikfußboden, der das pompejanische Motiv *Cave canem*, ein Skulpturfragment eines römischen Sarkophags und einen Grabstein mit Inschrift aufweist.
Der *Speisesaal* enthält ebenfalls einen Fußboden mit der Kopie eines pompejanischen Mosaiks mit allegorischem Thema und ist mit Bologneser Renaissancemöbeln ausgestattet; hier wird außerdem eine Sammlung mit schwedischen Zinngegenständen des XVIII. Jahrhunderts bewahrt.
Das *Atrium* ist ein verträumter interner Garten, der Vorbilder antiker römischer Wohnhäuser wachruft. Man beachte die kunstvolle römische Brunneneinfassung, die aus der Zeit der Republik stammt und mit anmutigen Basreliefs verziert ist. Bei einigen der Bronzeköpfe handelt es sich um Kopien von griechisch-römischen Originalen, während die Wände mit antiken Terrakotta- und Mar-

morfragmenten und einer Reihe von Grabinschriften geschmückt sind.

Im **Schlafzimmer**, zu dem man über die Treppe und Loggia Zugang hat, steht ein kurioses schmiedeeisernes Bett in sizilianischem Stil des XV. Jahrhunderts; ferner enthält der Raum florentinische Renaissancemöbel, Bronzeskulpturen und ein Marmorrelief aus der Kaiserzeit, das den *lyraspielenden Apoll* darstellt. Im *Französischen Salon* wird die Originalausgabe des *Buches von San Michele*, das in viele Sprachen übersetzt wurde, bewahrt; auf einer Wandseite steht in gemalten Buchstaben Axel Munthes Motto: „Wagen, wollen, wissen, schweigen". Das *Arbeitszimmer* mit einem kostbaren Marmormosaikfußboden vermutlich römischer Herkunft enthält verschiedene antike Kunstwerke, wie einen *Jünglingskopf* aus Terrakotta, eine hervorragende hellenistische Arbeit (IV. Jahrh. v. Chr.), und ein *Medusenhaupt*, das Axel Munthe selbst vom Meeresgrund vor den Bädern des Tiberius geborgen haben soll. Der angrenzende *Venezianische Saal*, benannt nach der venezianischen Rokokoeinrichtung, ist vom Arbeitszimmer durch eine wunderschöne afrikanische Marmorsäule getrennt, die ein kunstvoll gearbeitetes Kapitell trägt.

Die große *Loggia* mit antiken Skulpturen gibt den Blick in die anmutige Pergola frei; zu den kostbarsten Werken gehört hier eine Marmorbüste, die *Tiberius* oder seinen Neffen *Germanicus* darstellt. Herausragend ist auch der *Odysseus*, eine römische Reproduktion nach griechischem Original des IV. Jahrhunderts v. Chr. Ferner enthält die Loggia zahlreiche Marmorwerke und Repliken von mehr oder weniger bekannten Plastiken. In der Mitte der Loggia steht ein wertvoller Mosaiktisch mit fein gedrehten Säulchen, die ebenfalls mit Mosaiksteinchen verziert sind. Dieses Werk wird den Cosmaten zugeschrieben, römischen Mosaikkünstlern, die seit dem XII. Jahrhundert wirkten.

Die *Pergola* endet an einem apsisartigen Belvedere, von wo man einen zauberhaften Ausblick auf den weiten Golf von Neapel, die Halbinsel von Sorrent und einen Großteil der Insel genießt. In der Nähe sind die Reste der römischen Kaiservilla zu erkennen.

Die dem Erzengel Michael geweihte, weißgetünchte *Kapelle*, nach dem der gesamte Komplex benannt ist, steht auf den Ruinen eines Gebäudes aus dem X. Jahrhundert. Seitlich des Eingangs befindet sich eine Grabplastik aus römischer Zeit, *Mutter mit Sohn* darstellend. Das Innere bewahrt eine Renaissancefigur aus Holz mit der Darstellung des *Heiligen Michael* und ein Taufbecken aus dem XIV. Jahrhundert. In der Nähe der Kapelle, auf einer Brüstung, die eine herrliche Aussicht gewährt, ruht eine ägyptische Sphinx aus rotem Granit, die auf das XI. Jahrhundert v. Chr. datiert wird. Auf der eindrucksvollen *Zypressenallee*, die Munthe selbst mit Ablegern aus dem Garten der Ville d'Este in Rom pflanzte, kommt man am Grabrelief des Lucius Careius (I. Jahrh. v. Chr.) vorbei und gelangt schließlich in den Vorraum der *Küche*, wo kostbare Apothekergefäße aus Faentiner Keramik des achtzehnten Jahrhunderts bewahrt werden.

◄ *Der Eingang der Villa San Michele.*

Die Skulpturen-Loggia, im Vordergrund die Kopie des ruhenden Hermes, dessen Original sich in Neapel befindet.

Reste von „opus reticulatum" in der Villa von Damecuta.

Antike Reste und Zeugnisse des Römertums vor dem bezaubernden Hintergrund der vom Monte Solaro aus gesehenen Faraglioni-Klippen. ►

DIE VILLA VON DAMECUTA

Die Ebene von Damecuta erstreckt sich im nordwestlichen Teil des Hochplateaus von Anacapri. In der römischen Kaiserzeit war dieses Gebiet bevorzugter Bauplatz der kapitolinischen Architekten, die hier zahlreiche Villen und Residenzen errichteten. Aus der Reihe dieser Domizile, von denen viele regelrechte Landwirtschaftsbetriebe waren, nahmen *Aiano, Montivello, Tiberino* und *Vitareto* eine herausragende Stellung ein.
Am Rand dieser idyllischen Kulisse auf der Hochebene von Anacapri, nahe dem mittelalterlichen Turm *Torre di Damecuta*, liegt ein ausgedehntes Grabungsgelände, auf dem bemerkenswerte Reste einer der imposantesten und großartigsten römischen Villen der Kaiserzeit ans Licht kamen: die Villa von Damecuta. Der Ortsname scheint bis auf die Zeit der hellenistischen Kolonisation der Insel zurückzugehen; tatsächlich fehlt der Behauptung, daß Damecuta von *Domus Augusti* abgeleitet sei, jede Begründung.
Die komplexen Strukturen dieses grandiosen Kaiserpalastes, der ebenfalls von der Person des Tiberius und dessen zwielichtig-verwirrendem und zugleich faszinierenden Mythos durchdrungen ist, wurden mit Beginn der zweiten Hälfte der dreißiger Jahre freigelegt. Damals gestattete Axel Munthe, dem das Gelände gehörte, den Archäologen, mit den Ausgrabungen der antiken Reste fortzufahren. Man nimmt als fast sicher an, daß Damecuta als erste Kaiservilla der Insel von ihren Besitzern verlassen wurde: nachdem die Villa während des Vesuv-Ausbruchs 79 n. Chr., als Pompeji, Herculaneum und Stabiae zerstört wurden, durch das zurückfallende Eruptionsgestein schwer beschädigt worden und fast gänzlich unter der Vulkanasche begraben war, begann der unaufhaltsame Verfall des Gebäudes.
Heute bietet sich dem Besucher noch der Anblick der großartigen Gebäudeteile in *opus reticulatum*, während an anderen Stellen die einfachere und grobere Mauertechnik des *opus incertum* vorherrscht. Von besonderem Reiz ist die aufs Meer blickende *Loggia*, die hart am Rand des Felsabgrundes verläuft.

◄ *Ein Bild der bezaubenden Küste von Sorrent.*

Sorrent, Ansicht der Marina Piccola (Kleine Küste).

SORRENT

Unter den zahlreichen Perlen der Halbinsel, die nach diesem Ort benannt ist, hat Sorrent mit vollem Recht einen besonderen Platz verdient. Das Städtchen mit wenig mehr als 18.000 Einwohnern breitet sich in herrlicher geographischer Lage und Umgebung auf einer Tuffstein-Terrasse aus, die mit abstürzenden Felsstufen auf das Meer überhängt. Die Anmut des Ortes und der natürlichen Landschaft, unterstrichen von den fruchtbaren Zitrusfrucht-Kulturen, von der Weite des Panoramas, das sich auf den Golf von Neapel, den Vesuv sowie gegen die phlegräischen Felder und die gleichnamigen Inseln öffnet, von der außergewöhnlichen Transparenz des Meeres und von einem einmalig klaren und blauen Himmel, machen aus dieser Stadt eine Pilgerstätte des internationalen Tourismus. Der exzellente Ausbau der Infrastruktur was die Unterbringung betrifft, die bemerkenswerte Qualität der angebotenen Dienstleistungen, die große und reich gegliederte Varietät des Angebots für Erholung, Sport und Kultur lassen den Ort zu einem begehrten und anziehenden Ziel werden.

Wenn auch der Ursprung des Namens der Stadt im Mythos und der Legende von den Sirenen (*Surrentum*) aufgeht, so ist doch sicher, daß sie als Wohnort von den Menschen seit der Jungsteinzeit gewählt worden ist. Möglicherweise von griechischen Kolonisten gegründet, hat sie den Wechsel von Etruskern, Syrakusern und Samniten erlebt, ehe sie romanisiert wurde, was von den meisten ihrer Einwohner, die sich schon immer zur Rebellion geneigt zeigten, nicht akzeptiert wurde. In der Kaiserzeit war die Stadt eines der bevorzugten Ziele des römischen Patriziats, das hier den Sommer verbrachte. Den Goten und Byzantinern unterlegen, entging sie den langobardischen Eroberungsversuchen, mußte sich aber erfolgreich den Sarazenen und Amalfitanern entgegenstellen. Von den Normannen in der ersten Hälfte des 12. Jahrhunderts eingenommen, versuchte die Stadt, sich mit Hilfe der pisanischen Republik zu befreien, bis sie sich der definitiven Unterwerfung durch König Rüdiger beugen mußte. Hart

geprüft durch interne Zwistigkeiten und Streit mit den nahegelegenen Siedlungen, hat Sorrent eine durch viele Qualen gekennzeichnete Geschichte, die zumindest bis zur Bildung der Parthenopeischen Republik (Ende des 18. Jahrhunderts) aus Besetzungen und Eroberungsversuchen bestand. Der Ort, in dem der berühmte Dichter des 16. Jahrhunderts, Torquato Tasso, geboren wurde, erwarb seinen guten Ruf als Wohnort seit dem 18. Jh.

Sorrent, Piazza Tasso: das Denkmal des großen Schriftstellers und ein Blick auf den Corso Italia mit der Fassade der Kirche St. Maria del Carmine.

Sorrent, ein Blick auf die großzügige und mit Bäumen bepflanzte Piazza Tasso mit dem Denkmal des Hl. Abtes Antonino, im 19. Jh. von Tommaso Solari geschaffen.

PIAZZA TASSO

Das Herz der Stadt ist die zentral gelegene *Piazza Tasso*, die einer der bevorzugten Treffpunkte der Sorrentiner und eines der Ziele des abendlichen Spazierganges ist. Der baumbestandene Platz wird von zwei Statuen bereichert; die bekannteste erhebt sich auf dem hohen Podium des *Denkmals für Torquato Tasso*, des am 11. März 1544 in Sorrent geborenen und am 25. April 1595 in Rom gestorbenen Dichters, der aufgrund seines Schäferspiels *Aminta* und des Heldenepos *Das befreite Jerusalem* bekannt ist. Die Skulptur wurde von G. Carli im Jahre 1870 ausgeführt. Die andere Statue, geschaffen von Tommaso Solari 1879, zeigt den *Hl. Abt Antonino*. Der Schutzheilige von Sorrent - der in der kampanischen Stadt zur Zeit des Untergangs der Langobarden Zuflucht gefunden hatte - ist mit dem Segensgestus dargestellt.

Mit der Fassade zum Platz, am Beginn des *Corso Italia*, steht die **Kirche St. Maria del Carmine** mit ihrem Portikus. Im Innern kann man ein wertvolles Tabernakel, das auf die zweite Hälfte des 18. Jahrhunderts datiert wird, und ein allegorisches Deckengemälde, dessen Inhalt sich auf den Karmeliter-Orden bezieht und das in der ersten Hälfte des 18. Jahrhunderts von Onofrio Avellino geschaffen wurde, bewundern.

CAPRIISCHIA
EXCHANGE

◄ *Ein Blick auf Sorrent vom Hafen aus.*

Sorrent, die abschüssigen Klippen überragen das Hafenbecken.

HAFEN

Die lange Küstenfront von Sorrent besteht aus der *Marina Grande* (Große Küste), an der sich die Infrastruktur für den Badetourismus, die Bäder und die Strände konzentrieren, und der *Marina Piccola* (Kleine Küste). Letztere ist de facto der größte städtische Anlegeplatz, an dem die Motorschiffe und Tragflächenboote der Schiffahrtsbetriebe des Golfes, vor allem diejenigen, die nach Neapel und auf die nahegelegene malerische Insel Capri fahren, landen. Die Insel, beliebt bei dem großen römischen Kaiser Tiberius und bei einer großen Schar von zeitgenössischen Schriftstellern, stellt ein wichtiges und unverzichtbares Ziel für die Touristen, die sich zu Besuch auf diesem faszinierenden Zipfel der kampanischen Küste befinden, dar, und um sie zu erreichen ist der Hafen von Sorrent ein idealer Ausgangspunkt. Die Hafenanlagen, geeignet auch für die zahlreichen Gäste, die sich der Privatschiffahrt verschrieben haben und im Sommer hier mit ihren Booten anlegen, sind durch eine lange Mole geschützt.

Der Eindruck, den der vom Meer her eintreffende Tourist von Sorrent erhält, ist besonders bezaubernd. Die Wohnhäuser und anderen Gebäude klammern sich an die felsigen Tuffstein-Stufen, die steil über einem intensiv blauen Meer überhängen, dessen Reflexe und Farbtöne sich je nach Neigung der Sonnenstrahlen verändern. Entlang der ganzen von steilen Kliffen gezeichneten Küstenlinie lugen Villen, Aufenthaltsorte und Wohnhäuser mit den typischen, sich wiederholenden Zügen der mediterranen Architektur hervor, während die Kronen der Pinien, die Flächen mit mediterranem Buschwerk, die Zitronenhaine und Agrumenpflanzungen ein reiches, sonniges und helles Landschaftsbild unterstreichen.

SITZ DOMINOVA

Der kuriose Name gehört zu einem der typischsten Gebäude im historischen Zentrum von Sorrent. Es handelt sich um eine Loggia des 15. Jahrhunderts auf quadratischem Grundriß, nach beiden Seiten in großen romanischen Rundbögen geöffnet, die von Halbsäulen getragen werden, deren Kapitelle mit florealen Motiven geschmückt sind. Die gesamte Anlage wird von einer anmutigen Kuppel des 17. Jahrhunderts beherrscht, die mit zweifarbigen Majoliken verkleidet ist und dem Bau einen bezaubernden Eindruck mit Anklängen an architektonische Motive aus orientalischen Ländern verleiht.
Der ,,Sitz'' war tatsächlich Ausdruck eines Teils der Aristokratie von Sorrent, die sich hier zu treffen pflegte, um über Themen, die das Leben in der Stadt betrafen, zu reden. Das durch dekorative Architekturelemente bereicherte Innere fällt vor allem aufgrund der Fresken aus dem 18. Jh. und der zahlreichen Wappen der berühmten Familien Sorrents, die am ,,Sitz'' angebracht sind, auf.

Sorrent, eine Ansicht der als Sitz Dominova bekannten Loggia und ein Detail ihres reich ausgeschmückten Innern.

DOM

Die Bischophskirche von Sorrent entstand um das 11. Jh., wurde jedoch im 15. Jh. in eindeutig von der Renaissance beeinflußten Formen erneuert. Zu dem Bauwerk mit der modernen Fassade, die sich stilistisch an gotischen Entwürfen orientiert, gehört ein merkwürdiger dreistöckiger Glockenturm mit einem kleinen aufgesetzten Raum, der ursprünglich die Glocken aufnehmen sollte. Der Turm ist durch eine Uhr mit schönem polychromem Zifferblatt bereichert, während die architektonischen Elemente, die seine Basis bilden, sogar auf romanische Zeit zurückgehen.
Im Innenraum, der die Form eines lateinischen Kreuzes hat, wird die dreifache Unterteilung der Schiffe betont, die durch schwere, rundbogentragende Pfeiler entsteht. Unter den zahlreichen Kunstwerken, die im Laufe der Zeit ein schon an Marmordekorationen (unter diesen einige aus römischer und mittelalterlicher Zeit) reiches Ambiente ergänzten, erinnern wir an die Deckengemälde des Mittelschiffes, ausgeführt von Malinconico (*sorrentinische Märtyrer, vier Bischöphe der Kirche*), die Gemälde von Giacomo del Po, die an der Decke des Querschiffes zu sehen sind (*Mariä Himmelfahrt, St. Philippus, St. Jakobus*), ein wertvolles marmornes Antependium des 16. Jahrhunderts, die marmorne Kanzel und den Thron des Erzbischophs, beide aus dem 16. Jh.

Sorrent, der Glockenturm des Domes.

KIRCHE UND KREUZGANG VON ST. FRANZISKUS

Die Kirche aus dem 18. Jh., die dem Heiligen aus Assisi geweiht ist, steht in der Umgebung des *Stadtparks*, einem grünen Garten mit schöner Aussicht, in dem Palmen ihren Schatten spenden. Die Fassade in zwei Ordnungen ist vertikal von einer Anzahl von Lisenen betont. In der oberen Ordnung befindet sich ein großes Auge als Öffnung, während das geschwungene Tympanon, welches sich auf dem oberen Abschluß befindet, in der Mitte von einer Statue überragt wird. Das Element von höchster künstlerischer Bedeutung ist eine von einem Künstler des 16. Jahrhunderts geschaffene große Tür aus geschnitzem Holz.
An die Kirche angebaut ist das Konventsgebäude, dessen auffallendster Teil der kleine **Kreuzgang** ist. Stilistisch äußerst wertvoll, umgibt er das Bild des Glockenturms, der in seiner charakteristischen Spitze endet und teilweise von Mauerwerk aus römischer Zeit gestützt wird. Zwei Seiten des Kreuzgangs werden durch oktogonale Pfeiler mit elegante Kapitellen betont, die die Rundbögen tragen. Die anderen beiden Seiten zeigen die eindrucksvollsten Merkmale in der Verknüpfung der architektonischen Elemente: Spitzbögen, kleine Säulen und Lünetten. Dieser Teil des Laubenganges, aus dem 14. Jh., zeigt eine eindeutig durch arabische Einflüsse geprägte Herkunft.

Sorrent, Kirche und Kreuzgang von St. Franziskus.

Sorrent, Ansichten der typischen Kunsthandwerksläden und der charakteristischen Winkel des historischen Zentrums.

Auf den folgenden Seiten: Ausblicke auf die Landspitze von Scutari und eine Ansicht der Badeanlagen von Sorrent.

BETRACHTUNG DES HISTORISCHEN ZENTRUMS

Den typischsten und wirklich reinsten Eindruck von Sorrent, den man sich vorstellen kann, hat der Tourist vor Augen, der durch das Labyrinth von Gäßchen im Stadtzentrum läuft. Die engen, mit Steinen gepflasterten Straßen sind von den typischen Häusern mit ihren Terrassen und Balkonen flankiert. An einigen Punkten tauchen Elemente eindeutig mittelalterlicher Herkunft auf, die durch die Eigenart der mittels dünner Bögen aus Ziegeln und Steinen miteinander verbundenen alten Gebäude in den Vordergrund gerückt werden. Entlang dieser Straßen liegen die charakteristischen Läden, in denen geduldige Handwerker Ihnen die Früchte ihres Fleißes zeigen und Sie wahrscheinlich dazu anregen, ein ,,gutes Geschäft'' zu machen. Anderswo hat der unerschöpfliche Geist und das Talent dieser Mittelmeerbervölkerung Verkaufsstände eingerichtet und improvisiert, an denen die unterschiedlichsten Artikel, von Kleidung über Kunsthandwerk bis hin zu den unvermeidlichen ,,Souvenirs'' dem amüsierten und neugierigen Touristen zum Kauf angeboten werden.

calzature
anna
supermarket
for shoes and bags

MARINA GRANDE (GROSSE KÜSTE)

Von der baumbestandenen *Piazza della Vittoria* (Siegesplatz), in deren Umgebung einige römische Ruinen die Hypothese unterstützen, daß hier einst ein der Venus geweihter Tempel gestanden hat, geht die malerische *Via Marina Grande* aus. Letztere stellt die aktuelle Verbindung zwischen dem historischen Zentrum im eigentlichen Sinn und der darunterliegenden gleichnamigen Küste dar. Die Straße in ihrem charakteristischen engen und gewundenen Verlauf zieht sich zwischen Bögen und Durchgängen, zwischen den alten Gebäuden und Häusern hin und endet schließlich in einer großen Treppe an dem malerischen Hafen von Marina Grande.
Hier befinden sich die Badeanlagen, die immer noch einen bezaubernden Eindruck vermitteln mit ihren verschiedenfarbigen hölzernen Kabinen und den bunten Sonnenschirmen, die auf Pfählen aufgestellt und auf den wellenbrechenden Riffen angebracht sind. Auf dem Sandstrand, um die zahlreichen aufs Trockene gezogenen Boote herum, ist eifrig die zähe und geduldige Tätigkeit der sorrentinischen Fischer im Gange, die damit beschäftigt sind, die Netze und Bootsrümpfe zu flicken.

Sorrent: eine Ansicht des charakteristischen Weges, der nach Marina Grande führt.

Sorrent, herrliches Bild der Marina Grande (Große Küste) mit den typischen Badeanlagen und dem malerischen Fischereihafen.

◄ *Ein Fischer von Sorrent ist dabei, die Netze zu flicken.*

Kap von Sorrent, eine Ansicht des sogenannten Bades der Königin Johanna.

Auf den folgenden Seiten: Kap von Sorrent, Reste der römischen Villa von Pollius Felix; Massa Lubrense, Panorama, im Vordergrund Marina della Lobra.

BAD DER KÖNIGIN JOHANNA

Wenn man einmal das Kap von Sorrent erreicht hat, empfiehlt es sich, den angenehmen Ausflug zu unternehmen, der es erlaubt, die eindrucksvolle Spitze des Kaps zu erreichen. Die Strecke führt durch eine Landschaft, die durch Zitrusfrucht- und Olivenbaumkulturen charakterisiert ist und Abschnitte mit erfreulichen Ausblicken aufweist. Beinahe am äußersten Punkt der Landzunge angelangt - von wo aus der Blick ein weites Panorama gegen die Halbinsel, auf die Stadt und die Ebene von Sorrent, die Punta Gradelle und den Berg Faito, der mit steilen Hängen zum Meer hin abfällt, umfäng - erblickt man die Überreste eines römischen Gebäudes. Man hält diese, die aus einigen Spuren des äußeren Fundaments und Überbleibseln von Mauern im Hinterland sowie Resten von Mauergefügen in *opus reticulatum* und tiefergelegenen, zum Meer hin gehenden Gebäuden, die beim Baden benutzt wurden, bestehen, für Teile der **Villa von Pollius Felix**. Diese Zuschreibung beruht auf einer ziemlich ausführlichen Beschreibung, die der lateinische Dichter Publius Papinius Statius (45 - 96 n.Chr.) hinterlassen hat.
In der Nähe befindet sich das Bad der Königin Johanna: ein malerischer Spalt in den Felsen gibt dem Meerwasser den Weg frei zu einem bezaubernden Becken, das durch die Transparenz und die schillernden Reflexe des Meeres besonders zauberhaft erscheint.

Sant'Agata sui due Golfi: Blick in Richtung Salerno.

Sant'Agata sui due Golfi: Panorama auf die Ebene von Sorrent, die Punta Gradelle und den Vesuv. ►

MASSA LUBRENSE

Der entzückende Urlaubs- und Kurort breitet sich in der Form eines Amphitheaters an den grünen Hängen, die gegen die darunterliegende *Marina della Lobra* abfallen, aus.
Der Ursprung des Ortsnamens ist das Ergebnis der Vereinigung der hochmittelalterlichen Bezeichnung *massa* (mit der man eine Ansammlung von Bauernhäusern und Äckern meinte) mit dem lateinischen Ausdruck *delubrum* (der sich auf die Präsenz eines antiken Tempels, eventuell der Minerva geweiht, bezieht).
Im oberen Teil des Ortes steht die **Kirche St. Maria delle Grazie** aus dem 16. Jh. In der zweiten Hälfte des 18. Jahrhunderts restauriert, zeichnet sie sich vor allem durch einen wertvollen Majolika-Fußboden und ein Gemälde von Andrea da Salerno, das die *Gnadenmadonna* zeigt, aus.
In Marina della Lobra, einem kleinen Fischerort mit ausgebautem Anlegeplatz für Touristen, steht die **Wallfahrtskirche St. Maria della Lobra** (16. Jh.), an deren Stelle sich schon früher Kultstätten befunden haben, die sich bis in heidnische Zeiten zurückverfolgen lassen. Im Innenraum befinden sich ein bemerkenswerter Majolika-Fußboden, eine Kassettendecke und ein hölzernes *Kruzifix* aus dem 18. Jh.

SANT'AGATA SUI DUE GOLFI

Lieblicher Ort, der sich mit schöner Aussicht auf einem hohen Bergrücken im unteren Teil der sorrentinischen Halbinsel ausbreitet. Von dem geschätzten Urlaubsort und vielbesuchten Touristenziel aus gleitet der Blick frei über eine weite Aussicht auf den Golf von Neapel und denjenigen von Salerno, was den Ursprung des heutigen Ortsnamens („über den beiden Golfen") genügend erklärt.
St. Maria delle Grazie ist die Pfarrkirche aus dem 17. Jh. Im Innern fällt neben einigen schönen Gemälden des 16. und 17. Jahrhunderts ein äußerst bemerkenswerter Hauptalter auf, der in der ersten Hälfte des vergangenen Jahrhunderts aus einer neapolitanischen Kirche hierher gebracht wurde. Er besteht aus verschiedenfarbigem Marmor, gemischt mit Arbeiten in Pietra Dura und Perlmutt und wurde im 16. Jh. von florentinischen Künstlern geschaffen. Das am häufigsten von Touristen besuchte Ziel ist in jedem Falle die **Einöde**; früher Klause der Karmeliter und später Waisenhaus, ist sie bekannt für den herrlichen Rundblick, den man von den Terrassen aus bewundern kann und der die Aussicht auf die beiden Golfe, den Vesuv, die sorrentinische Halbinsel und die faszinierende Insel Capri erlaubt.

CASTELLAMMARE DI STABIA

Die im wesentlichen modern geprägt Stadt öffnet sich am süd-östlichen Rand der weiten Einbuchtung des parthenopeischen Golfes. Von der Panorama-Straße des Berges Faito, einem der höchsten Gipfel der Monti Lattari, die ihn im Süden umgeben, aus gesehen, zieht sich der Ort im Halbkreis über die Küste des Golfes von Neapel hin, und das Hinterland von Kampanien sowie das wellige Profil des Vesuvs dienen ihm als herrliche natürliche Kulisse.
Als griechische Kolonie entstanden, war die Siedlung etruskisch und samnitisch ehe sie unter dem Namen *Stabiae* romanisiert wurde (4. Jh. v.Chr.). Nachdem sie von Silla zur Zeit des Bürgerkriegs (89 v.Chr.) zerstört und beim schrecklichen Ausbruch des Vesuv (79 v.Chr.) dem Erdboden gleichgemacht worden war, lebte sie als Thermalbad wieder auf und erhielt im 8. Jh. eine Burg. Während des Mittelalters und der Neuzeit erlitt der Ort unterschiedliche Schicksalsschläge und wurde wiederholt zerstört.
In einem **Antiquarium** sind wertvolle Funde der Ausgrabungen, die an der Stelle des antiken Stabiae gemacht wurden, ausgestellt. Hauptsächlich bewundert man hier bemerkenswerte Fresken, Skulpturen und Basreliefs. In den Anlagen der **Neuen** und der **Alten Thermen von Stabiae** werden die Warmwassertherapien praktiziert, die schon die Römer kannten und die im Hinblick auf verschiedene Krankheiten gute Ergebnisse zeigen. Der **Dom** aus dem 16. Jh. wurde von den Rispoli im Laufe des 19. Jahrhunderts umgebaut. Der Innenraum, in drei Schiffe unterteilt, wird von einer hohen Kuppel gekrönt. Im ihm befinden sich Fresken des vergangenen Jahrhunderts und eine alte Skulptur *St. Michaels* (6. Jh.). Die **Kirche Unseres Herrn Jesus** (17. Jh.) wurde als Heilige Stätte des Jesuitenordens gebaut. Der Innenraum, der dem Typ der Saalkirche folgt, enthält die Darstellung der *Madonna del Soccorso*, ausgeführt von Luca Giordano, und einen *Hl. Ignazius*, den Paolo de Matteis gemalt hat. In der Nähe befindet sich der **Stadtpark**, eine öffentliche Grünanlage, der die zahlreichen Palmen eine exotische Atmosphäre verleihen. Hier findet man viele Büsten; herrlich der Blick auf den vom Vesuv gerahmten Golf. Die alte, hochmittelalterliche **Burg** wurde im 12. und 13. Jh. umgebaut und verstärkt. Nicht zu vernachlässigen ist ein Besuch der *Archäologischen Ausgrabungen* etwas außerhalb der Ortschaft, die die **Villa der Arianna** und eine andere **römische Villa**, beide äußerst reich mit dekorativen Elementen versehen, wieder ans Tageslicht gebracht haben.

Castellammare di Stabia, Ausblick auf den Vesuv.

Panorama von Ischia-Porto.

DIE INSEL ISCHIA

Die größte der parthenopeischen Inseln ist, wie die nahegelegenen Procida und Vivara, Resultat einer intensiven vulkanischen Aktivität, die die Region der phlegräischen Felder in den Anfängen der geologischen Geschichte erschüttert hat. Die vulkanische Natur der Insel leitet sich außer von der Zusammensetzung ihrer Felsen (Lava, Tuffstein, Magmaformationen trachytischen Ursprungs), den zahlreichen Kraterrändern (Montagnone, Berg Rotaro) und dem Vorhandensein eines alten Vulkans (Epomeo) auch von den Kesseln (Hafenbecken von Ischia) und der intensiven Aktivität der Thermalquellen ab, die zusammen mit den charakteristischen ,,Fumarolen'' Zeugnis von einer noch heute aktiven, jedoch nebensächlichen vulkanischen Tätigkeit ablegt.

Von den Griechen kolonisiert, die die Insel *Phitecusa* nannten (7. Jh. v.Chr.), kam sie nacheinander in den Besitz von Syrakusern und Römern, welche sie im Tausch für Capri an Neapel abtraten (1. Jh. n.Chr.). Unter dem Namen *Ischia*, der im 9. Jh. aufkam, war sie Teil des Besitzes der Anjou, die von den Aragoniern abgelöst wurden. Nach mehreren Einfällen der Sarazenen (16. - 17. Jh.) kam die Insel unter die Bourbonen, deren Schicksal sie bis zur nationalen Vereinigung Italiens (1861) teilte.

Die Insel hat in ihrer tausenjährigen Geschichte zahlreiche natürliche Erschütterungen erlebt, von den Eruptionen, die die Syrakuser in die Flucht schlugen (6. - 5. Jh. v.Chr.) über diejenige von 1302 bis hin zu den zerstörenden Erdbeben, die den hartnäckigen Willen der Bewohner von Ischia oft auf harte Proben gestellt haben. In trauriger Erinnerung ist das Erdbeben von 28. Juli 1883 geblieben, das die Ortschaft von Casamicciola dem Erdboden gleichgemacht hat.

Aufgrund seiner fruchtbaren Natur, dem üppigen Wachstum der mediterranen Vegetation und dem Vorhandensein von Pflanzenarten, die typisch für wärmere geographische Lagen sind, hat Ischia nicht zu Unrecht den Beinamen ,,Grüne Insel'' erhalten. Die Milde des Klimas, die geschätzten Öl- und Weinkulturen (bekannt ist der Weißwein Epomeo) und die Haine von Zitrusfrüchten machen aus dieser Insel ein kleines, greifbares Paradies. Schon immer für seine Thermalquellen bekannt und gewürdigt, ist Ischia einer der wichtigsten Orte für die Warmwassertherapie in Italien, ausgestattet mit modernen und funktionalen Hotelkomplexen und gut ausgerüsteten Kurbetrieben, die häufig den Unterkünften angeschlossen sind.

◄ *Blick auf Ischia von der Burg der Aragonier aus.*

Sant'Angelo d'Ischia, ein eindrucksvoller Blick auf die Häuser am Sandstrand.

Forío d'Ischia, bezaubernder Eindruck der Küste.

FORÍO

Lieblich ausgestreckt auf der Landspitze del Soccorso, an den westlichen Hängen des Epomeo, ist dies eine der malerischsten und eindrucksvollsten Ortschaften der ganzen Insel. Das Land ist seit ältesten Zeiten besiedelt; aber es waren vor allem die Römer, die seine Thermalquellen und die außergewöhnlich liebliche geographische Lage zu schätzen wußten. Der breite Sandstrand von *Citara*, den die Landspitze del Soccorso von demjenigen von *Chiaia* trennt, war seit Urzeiten dem Venus- und Apoll-Kult geweiht. Im Laufe des Mittelalters und der Neuzeit wurde seine Küste, die zu den ungeschütztesten der ganzen Insel gehört, durch zahlreiche Wachtürme verstärkt, um die Bewegung der Piraten-Flottillen zu kontrollieren. Der bekannteste hiervon ist der gewaltige **Große Turm** auf rundem Grundriß (15. Jh.), der noch heute den malerischen Hafen beherrscht. Zu guter Letzt sind noch die **Pfarrkirche St. Veit** (18. - 19. Jh.), die **Kirche St. Maria von Loreto** und die **Kapelle del Soccorso** bemerkenswert.

P

◄ *Ein malerischer Winkel von Ischia-Ponte.*

Forío d'Ischia: Blick auf den charakteristischen Hafen mit dem großen Turm aus dem 15. Jh.

SANT'ANGELO D'ISCHIA

Als reizender Urlaubsort hervorragend ausgestattet für den Bade- und Kur-Aufenthalt, wird Sant'Angelo d'Ischia aus klar ersichtlichen Gründen zu den Perlen der „Grünen Insel" gezählt. Seine äußerst glückliche geographische Lage an der Südküste, angrenzend an den *Sandstrand der Maronti*, zwischen dem Berg Epomeo und der trachytischen Halbinsel von Sant'Angelo, läßt den Ort geradezu als auf den Menschen zugeschnitten erscheinen, ideal, um die Rhythmen und den Streß der Zeit, in der wir leben, zu vergessen. Ein typisches Element im landschaftlichen Rahmen der Örtlichkeiten sind die Ruinen des gleichnamigen *Turms*, der uns an die ehemaligen Kämpfe zwischen den Engländern und den Franzosen erinnert. Der schöne **Strand der Maronti** ist ein bedeutendes Zeugnis der vulkanischen Natur der Insel: hier findet man tatsächlich zahlreiche Thermalquellen und Fumarolen.

◄ *Ansicht von Ischia, im Hintergrund die Insel Procida.*

◄ *Ischia, malerische Ansichten des Küstenorts.*

Ischia, ein eindrucksvolles Bild der Burg und des spanischen Aquädukts.

ISCHIA

Der Haupthafen der Insel, die große Anlegestelle der Verbindungen zum Festland (Fähren und Luftkissenboote), öffnet sich gegenüber dem Kanal von Ischia, der die ,,Grüne Insel'' von Procida trennt. Im Süden liegt das malerische Viertel von **Ischia Ponte** (Brücke), das durch die sogenannte *Aragonesische Brücke* (15. Jh.) mit der runden Trachyt-Insel verbunden ist, auf der sich gewaltige Stufen erheben, die die **Burg von Ischia** umgeben, ein befestigter Bau, der sich im Laufe der aufeinanderfolgenden Epochen entwickelt hat.
Im Norden liegt das Viertel **Ischia Porto** (Hafen), welches moderner geprägt ist. Mit Gärten und großen Pinienwäldern ist es um den Kessel eines alten Vulkans herum gewachsen, der später in einen Hafen verwandelt wurde. Unter den wichtigsten Elementen erinnern wir an die **Öffentlichen Badeanlagen** des 19. Jahrhunderts, die **Kathedrale Mariä Himmelfahrt** aus dem 14. Jh., später im barocken Geschmack umgebaut, und die neoklassizistische **Kirche St. Maria von Porto Salvo** (zweite Hälfte des 19. Jahrhunderts).

Sant'Angelo d'Ischia, Blick auf die Thermalanlagen Aphrodite und auf den romantischen Strand von Maronti.

Lacco Ameno: der „Fungo" (Pilz). ►

Forío d'Ischia, Wallfahrtskirche St. Maria del Soccorso. ►

BETRACHTUNG DER INSEL

Die Verschiedenartigkeit von Ischia, seine faszinierende und sich immer wieder ändernde Landschaft, seine eigenartige und großzügige Natur, die alten Kuranlagen und die Typik einiger Gebäude können nur durch Bilder wirkungsvoll wiedergegeben werden. Dies gilt für die **Aphrodite-Thermen**, eine der zahlreichen Anlagen von Ischia, in der idyllischen Szenerie des *Strandes der Maronti* gelegen. Ein elegantes Schwimmbecken, das durch Thermalwasser gespeist wird, seinen Schatten von den umliegenden Palmen empfängt und den Blick auf die bezaubernde Aussicht aufs Meer frei läßt, gibt das Bild der touristischen Verwandlung der Insel wieder. Der eindrucksvolle **Fungo** (Pilz) in Lacco Ameno (lieblich) gehört zu den charakteristischsten Merkmalen der Örtlichkeiten an der Küste. Sein Name drückt in sich die Schönheit und den Zauber des Ortes aus. Die **Wallfahrts-Kapelle St. Maria del Soccorso** in Forío ist ein Zeugnis der Insel-Architektur und der Volks-Religion.

CAFFE'
RISTORANTE
TERRAZZE
SUL
MARE

◄ *Eine Ansicht des malerischen Ortes Procida.*

Procida, charakteristische Winkel des historischen Zentrums.

DIE INSEL PROCIDA

Die kleinste der phlegräischen Inseln befindet sich im Meer vor dem Kap Miseno, von dem es durch den Kanal von Procida, nicht weit von Ischia, getrennt ist. Zusammen mit letzterem und der sichelförmigen Insel Vivara bildet Procida unter morphologischem Aspekt eines der auffälligsten Beispiele für die intensive vulkanische Aktivität der nahen Region der Phlegräischen Felder. Und daß auch Procida die Frucht vergangener Unterwasser-Eruptionen ist, die sich auf die Matrix des phlegräischen Gebietes zurückführen lassen, beweist die Zusammensetzung seiner Felsen, die Tuffstein und Trachyt, aber auch Basaltformationen aufweisen. Auch das Profil der Küsten von Procida, überaus unregelmäßig und zerklüftet, offenbart klar vulkanische Herkunft und zeigt teilweise noch Umrisse von mindestens fünf Kraterrändern.
Schon in frühester prähistorischer Zeit besiedelt, wurde die Insel von den Griechen kolonialisiert und erhielt den Namen *Próchyta.* Sie teilte mindestens bis zum Ende des 18. Jahrhunderts das Schicksal des nahegelegenen Ischia und wurde wiederholt von den Engländern in Auseinandersetzung mit den Franzosen besetzt. Im 13. Jh. wurde sie ein Lehen der Da Procida, eines adligen Geschlechts, das sich nach der Insel nannte und mit Giovanni seinem bekanntesten Vertreter das Leben schenkte. Der landschaftliche Eindruck der Insel ist bezaubernd und malerisch: von den herrlichen Stränden, die zu einem blauen einladenden Meer führen, über die romantischen Landzungen von Solchiaro und Pioppeto, auf denen der Blick sich über ein entzückendes Panorama ausbreiten kann, bis hin zu dem charakteristischen Zentrum von Procida. Letzteres hebt sich aufgrund der lebhaften Farben seiner Häuser hervor, die sich in typisch mediterranem Charakter zeigen und an denen der Bogen zum wichtigsten Element einer nahezu orientalischen Architektur wird. Die Terrassen, die Kuppeln, die engen Winkel und Durchgänge, alles in Procida trägt zu einem einzigartigen und nicht wiederholbaren Bild bei. Unter den interessantesten Stellen fällt der alte Flecken *Terra Murata* auf, in dem die **Kirche St. Michael** steht, die früher Teil einer alten Abtei war und eine wertvolle Kassettendecke besitzt, die ein Gemälde von Luca Giordano einschließt, auf dem der *Hl. Michael im Kampf mit Luzifer* dargestellt ist (17. Jh.). Nicht weit von der *Marina di Sancio Cattolico*, dem Hauptanlegeplatz von Procida, befindet sich die **Wallfahrtskirche St. Maria delle Grazie**. Über dem Gebäude erhebt sich eine hohe Kuppel die auf einem polygonalen Tambour ruht; im Innenraum haben die 12 Märtyrer von Procida ihre letzte Ruhestätte gefunden (1799).

Pozzuoli, zwei schöne Ansichten des sogenannten Serapistempels, in wirklichkeit ein öffentlicher Markt aus der Römerzeit.

POZZUOLI

Das Städtchen von ansehnlichen Proportionen liegt am zentralen Teil des gleichnamigen Golfes, begrenzt vom Kap Miseno und der Insel Nisida, eingebettet in einen landschaftlich sehr eindrucksvollen Anblick. Der gutbesuchte Bade- und Kurort, auch auf industriellem Sektor und im Handel aktiv, ist der Haupthafen für die Einschiffung auf die phlegräischen Inseln und außerdem archäologisch, künstlerisch und geologisch äußerst interessant. Seine Lage in der Region der Phlegräischen Felder, in einem vulkanisch noch aktiven Gebiet, sorgt dafür, daß das Territorium von einer jahrhundertealten küstenverschiebenden Bewegung und von sich wiederholenden Vorfällen tellurischer Natur beeinflußt wird.
In der zweiten Hälfte des 6. Jahrhunderts v.Chr. als Kolonie von Samos entstanden, war der Ort erst als *Dikaiarchia* bekannt und reihte sich früh neben Cuma ein, den Etruskern die Stirn bietend und mit den Samniten kämpfend, die ihn in der zweiten Hälfte des 5. Jahrhunderts v.Chr. eroberten. Romanisiert und seit dem 2. Jh. v.Chr. als *Puteoli* bekannt, verdiente sich die Ortschaft einen guten Ruf als Hafen und wurde mit aller Wahrscheinlichkeit zum strategischen Hauptstützpunkt der römischen Flotte im Mittelmeer, zumindest bis zur Gründung des Hafens von Ostia (1. Jh. n.Chr.). Trotz des Verfalls, der durch letzteres Ereignis herbeigeführt wurde, brachten die Kaiser dem Stützpunkt große Achtung entgegen; allen voran Domitian, der ihn durch eine nach ihm benannte Straße mit der Hauptstadt des Reiches verband. Schon von dem Hl. Paulus, der den Ort besuchte, wurde er in der „Apostelgeschichte" erwähnt. Als der römische Schutz nach dem Verfall des Reiches (5. - 6. Jh. n.Chr.) nachließ, fielen wiederholt die Barbaren ein. Diese Invasionen, aber auch die veränderte Dynamik des Bodens infolge der intensiven küstenverschiebenden Bewegung, bewirkten die Abwanderung der Bevölkerung nach Neapel und in Ortschaften, die für sicherer gehalten wurden. Gleichzeitig bestimmte das unabwendbare Versinken der ursprünglichen Infrastruktur des Hafens die Veränderung des Ortes, der hauptsächlich zu einem Fischereizentrum wurde und daneben Betriebe förderte und anregte, die mit den natürlichen Thermalquellen der Umgebung in Verbindung standen. In jüngster Vergangenheit mußten einige Viertel des historischen Zentrums aufgrund der Verschärfung der Küstenverschiebung und der geologischen Zerrüttung evakuiert werden, wodurch in allarmierender Art und Weise wieder einmal die Bedenklichkeit der Siedlungen im phlegräischen Gebiet deutlich wurde.

Pozzuoli, einige Eindrücke der beachtlichen Reste des Amphitheaters Flavius.

SERAPISTEMPEL

Auch als *Serapeum* bekannt, ist dies sicherlich eines der wichtigsten Zeugnisse unter den Gebäuden aus römischer Zeit. Der Tempel liegt im unteren Teil der Siedlung, in der auch die Spuren einer *Mole* aus augusteischer Zeit zu finden sind. Der Benennung zum Trotz, die vom Fund einer der in hellenistischer und römischer Zeit verehrten alten ägyptischen Gottheit *Serapis* geweihten Statue herrührt, gehen die eindrucksvollen Reste, die wir heute bewundern, auf einen öffentlichen Markt von bemerkenswerten Dimensionen zurück. Das *Macellum*, ursprünglich für den Verkauf von Lebensmitteln, hauptsächlich Fleisch und Fisch, vorgesehen, nahm einen quadratischen Platz ein, der von Säulengängen umgeben war, auf die sich die Läden öffneten, die wechselweise auch von außen betreten werden konnten. Auf der dem Haupteingang gegenüberliegenden Seite öffnet sich eine Halle mit Apsis, in die einige Nischen, in denen Statuen standen, eingelassen waren. Die Mitte des Platzes wurde von einem runden Sockel mit einem statuengeschmückten Brunnen in der Mitte eingenommen. Ein Wald von 16 Säulen aus afrikanischem Marmor, die in korinthischen Kapitellen endeten, stützte ein Gebälk, auf dem ursprünglich eine Kuppel auflag. Dieser Gebäudekomplex stammt aus der Zeit der Flavier, aber infolge von Erdbeben im 1. Jh. n.Chr. und in späterer Zeit (2. - 3. Jh. n.Chr.) war man zu konservierenden Restaurierungsmaßnahmen und Rekonstruktionen gezwungen. Das Interesse, das unsere Zeit dem sogenannten Serapistempel entgegenbringt, stützt sich nicht nur auf seinen außergewöhnlichen dokumentarischen Wert im Hinblick auf die Architektur und Archäologie, sondern auch auf einige Einzelheiten, die es erlauben, die Dynamik der jahrhundertealten Küstenverschiebung Pozzuolis grob geschätzt ,,abzulesen''. Die eindrucksvollen Ruinen zeigen sich teilweise überflutet vom Wasser des Meeres und demjenigen der Thermal- und Mineralquellen, das hier infolge der Senkung des Bodens zusammengeflossen ist. Auf den Resten der sich verstümmelt auf dem runden Sockel erhebenden Säulen und auf den drei von ehemals vier großen Säulen, die der Halle mit Apsis, die sich zum Säulengang hin öffnete, gegenüberstanden, kann man die Löcher der Meerdatteln (Lithophaga) - einer Art Weichtiere, die die Steine, an die sie sich klammern, durchlöchern - bemerken. Diese erlauben es uns, das stufenweise Absinken und Emporsteigen der Wasseroberfläche infolge der Küstenverschiebung zu beurteilen.

Pozzuoli, Ansichten des Amphitheaters Flavius, und die unterirdischen Gewölbe.

AMPHITHEATER FLAVIUS

Im oberen Teil des Ortes, in einer Zone, in der auch Reste von anderen Werken aus römischer Zeit gefunden worden sind, wie das sogenannte *Kleine Amphitheater* (Teile eines unter Augustus errichteten Gebäuden in *opus incertum*) und das *Cardito-Bad*, befinden sich die bemerkenswerten Ruinen des Amphitheaters Flavius. Der Bau wurde unter Kaiser Vespasian in der zweiten Hälfte des 1. Jahrhunderts n.Chr. vollendet und ist damit chronologisch nach dem Kleinen Amphitheater anzusetzen. Der Größe nach ist das Amphitheater Flavius das dritte Italiens nach dem römischen (Kolosseum) und dem von Santa Maria Capua Vetere. Dieses äußerst bemerkenswerte Zeugnis der Geschicklichkeit der römischen Erbauer verdankt seinen exzellenten konservatorischen Zustand, insbesondere der unterirdischen Räume, der enormen Menge von vulkanischen Ablagerungen und Schlacken, die sich im Laufe der Jahrhunderte aufgrund von Eruptionen der nahegelegenen Solfatara angesammelt hat. Die ersten Proben archäologischer Natur, zusammen mit ersten Grabungsarbeiten, wurden in der ersten Hälfte des vergangenen Jahrhunderts vorgenommen; aber erst in der zweiten Hälfte der vierziger Jahre war es möglich, dem Gebäude einen großen Teil seiner ursprünglichen Großartigkeit, die die Ansammlung von Ablagerungen jahrhundertelang ver-

Pozzuoli, einige Bilder der äußerst interessanten unterirdischen Gewölbe des Amphitheaters Flavius.

borgen hatte, wiederzuverleihen.
Äußerlich bestand das Amphitheater ursprünglich aus einer dreifachen Arkadenordnung, gekrönt von einer Attika. Im Innern öffnet sich die Ellipse des Bühnenplatzes, die 75 × 42 m mißt; letztere ist quer durch einen Korridor durschnitten, der mit Gittern gedeckt ist, welche den zahlreichen Versenkungsöffnungen in der Fläche der Arena entsprechen und eine spezielle Funktion in der Inszenierung der Vorstellungen innehatten. Die den Zuschauerraum bildenden Stufen erstreckten sich ursprünglich über drei Ordnungen, von denen nur zwei auf uns gekommen sind, welche jedoch im großen und ganzen ziemlich gut erhalten sind. Die Kapazität des Amphitheaters dürfte sich auf ungefähr 40.000 Einheiten belaufen haben; eine Reihe von Treppen führte zu den verschiedenen Sektoren der Stufen, die dadurch in eine Folge von noch erkennbaren Keilen eingeteilt wurden. Eine große Anzahl von Gängen, die sich noch heute zwischen den Stufen öffnen, regelte den Eintritt der Zuschauer.
Aber das Merkmal von größtem architektonischem Interesse, welches auch die Rekonstruktion der Spiele und Vorführungen, die in dem Amphitheater stattfanden, erlaubt, bilden ohne Frage die **unterirdischen Gewölbe**. Letztere bestehen aus einem Korridor, der unter der Linie der Ellipse gegraben ist, von der aus die Geschehnisse ihren Lauf nahmen und aus zwei rechtwinklig gekreuzten Gängen. Diese Substruktionen, die hauptsächlich aus Ziegelsteinen bestehen, wurden im 1. und 2. Jh. n.Chr. fertiggestellt und sind in hervorragendem konservatorischem Zustand auf uns gekommen, so daß sie ein außergewöhnliches Dokument für die Organisation der Zirkusspiele und vor allem der Inszenierung der Kämpfe, die die Gladiatoren gegen wilde Tiere auf sich nehmen mußten, darstellen.
Heute wissen wir sicher, daß die zahlreichen quadratischen Versenkungsöffnungen in der Bühnenebene dazu dienten, mit Hilfe eines komplexen und schwierigen Mechanismusses von Rollen und Seilen die Käfige mit den Raubtieren, die dann freigelassen wurden, hochzuheben. Eine andere Funktion der Öffnungen, über die der Lüftung der unterirdischen Gewölbe hinaus, war verbunden mit der Möglichkeit, das für die Aufführungen und Spiele erforderliche Material auf den Platz der Arena zu transportieren. Es ist außerdem erwiesen, daß ein hydraulischer Mechanismus Wasser aus dem kampanischen Aquädukt schöpfte, um die Arena unter Wasser zu setzen, so daß hier die Aufführung von Seeschlachten (*Naumachien*) möglich wurde. In der zweiten Hälfte des 17. Jahrhunderts, während der Rekonstruktion eines Teiles der unterirdischen Gewölbe, sorgte man für die Einrichtung der **Kapelle St. Gennaro** in Hommage an eine tiefverwurzelte Tradition, nach der der spätere Schutzheilige Neapels zusammen mit einigen seiner Anhänger hier vergebens dem Zorn der Raubtiere, die ihn jedoch ausspaarten, ausgesetzt gewesen sein soll.

Pozzuoli, die trostlose Landschaft der Solfatara.

SOLFATARA

Etwas außerhalb des Ortes führt eine Abzweigung der *Via Domiziana* zur Solfatara, die eine der greifbarsten Manifestationen des zweitrangigen Vulkanismus in der Zone der Phlegräischen Felder bildet. Schon den Römern als *Forum Vulcani* bekannt, handelt es sich um ein weites, begrenztes Kratergebiet eines alten Vulkans, der sich im Augenblick in einer Ruhephase befindet. Diese Phase, eben aufgrund dieses vulkanischen Gebietes bei Pozzuoli auch als „solfatarisch" bekannt, bildet eine typische Manifestation der nachvulkanischen Aktivität, insofern als sich der ruhende Vulkan allein in Form von austretenden schwefelhaltigen Gasen bemerkbar macht, die, kondensierend, zu Schwefelablagerungen führen. Der Besuch der Solfatara, ausschließlich in Begleitung eines kompetenten Führers zu empfehlen, ist in jedem Fall eine äußerst eindrucksvolle und interessante Erfahrung. Die Landschaft, trostlos und wüstenhaft, scheint nahezu irreal und ist allein durch die Emissionen von heißem Dampf (um 100°C), die Auswürfe warmen Schlamms, die auch als *Schlammvulkänchen* bekannt sind, durch die Kohlendioxyd-Quellen (*Mofetten*) und diejenigen mineralhaltigen Wassers belebt. Der letzte Ausbruch des Vulkans der Solfatara hat im Laufe des 12. Jahrhunderts stattgefunden. Das weite Kratergebiet ist elliptisch angelegt, während seine Wände aus Tuff- und Trachyt-Felsen bestehen. Die einzigen gemauerten Gebäude, die man im Innern der Solfatara bemerken kann, sind diejenigen des *Observatoriums* in der Nähe des sogenannte *Großen Mundes* und die der *Öfen*, in deren Innern Rauchemissionen mit Temperaturen nahe 100°C stattfinden. Zu den charakteristischsten Phänomen, die man in der Solfatara beobachten kann, gehört die Kondensation des Wasserdampfes, der in Gegenwart einer austretenden Flamme die Form einer kleinen Wolke annimmt.

Pozzuoli, einige Eindrücke der Solfatara und ihrer Erscheinungen vulkanischen Ursprungs.

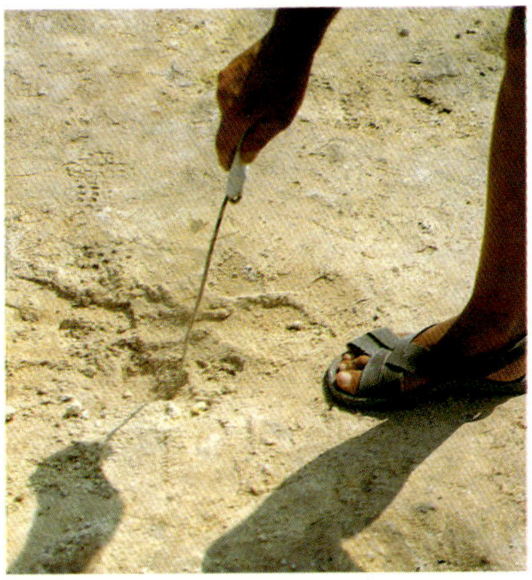
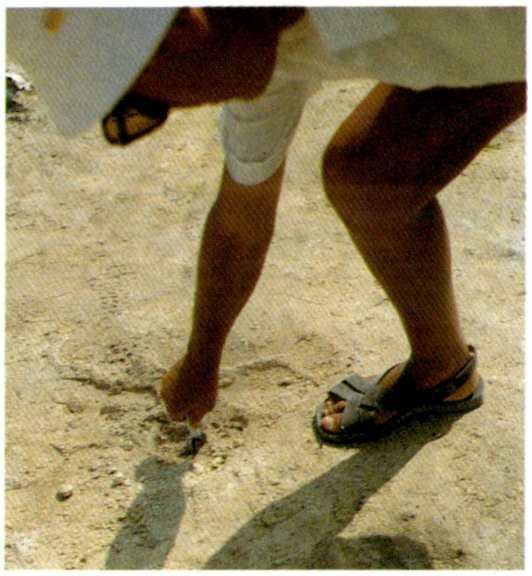

Panorama von Bacoli und dem Kap Miseno, im Hintergrund zeichnet sich das charakteristische Profil von Capri ab.

Eine Ansicht der Burg von Baia und das weite Panorama, das der Blick von Miseno aus umfängt. ►

BACOLI - KAP MISENO

Wenn man auf der reizvollen Straße, die die westliche Seite des Golfes von Pozzuoli entlangführt, von Baia aus kommt, wird Bacoli von dem gewaltigen quadratischen Bauwerk der **Burg von Baia** angekündigt und bewacht. Letztere wurde auf Geheiß Don Pedros von Toledo, Vizekönig von Spanien, im 16. Jh. gebaut, um die Küstenorte vor der Gefahr, die die Piratenüberfälle darstellten, zu schützen. Bacoli ist ein großes Städtchen mit unverkennbarem Hang zur Fischerei und gutem Ruf als Badeort. Das alte Zentrum griechischer Herkunft wurde von den Römern bevorzugt, die hier Villen und Wohnungen bauten. Zahlreich sind in Bacoli die Zeugnisse des römischen *Bauli*. Die **Hundert Kammern**, auf zwei Niveaus angelegt, zeigen einen komplexen Mechanismus der Wasserversorgung für eine Villa in diesem Gebiet. Das unter Niveau ist das ältere und besteht aus einem Netz von unterirdischen Gängen, die ins Meer münden. Im oberen Niveau befindet sich eine geräumige Zisterne des 1. Jahrhunderts n.Chr. Das sogenannte **Wunderbare Becken** ist ein außergewöhnlicher Wasserbehälter, der die in der Reede beim Kap Miseno vor Anker liegende römische Flotte versorgte. Die als größte der Antike geltende Zisterne wurde zur Zeit des Kaisers Augustus gebaut. Am Strand erheben sich Ruinen, die am Ort unter dem fälschlichen Begriff **Grab der Agrippina** bekannt sind. In Wirklichkeit haben diese Reste nichts mit der Mutter Neros zu tun, die auf Geheiß des Sohnes beseitigt und in Bauli begraben wurde, sondern sind lediglich das sichtbare Zeugnis eines kleinen Theaters, das an eine große römische Villa über dem Meer angebaut war.

Das Kap Miseno, Rest eines alten, vom Meer abgetragenen Vulkans, beherrscht eine einzigartige Landschaft, die von zahlreichen Kraterrändern (Miseno-See und Hafen von Miseno) geprägt wird, die die vulkanische Natur dieses Küstenanhängsels der Phlegräischen Felder dokumentieren. Seine Form, die an die großen Hügelgräber erinnert, nährte in der Antike die Legende, daß das Kap tatsächlich die Begräbnisstätte mythischer Personen sei. Seine Hänge sind übersat mit römischen Überresten, unter denen sich eine Villa des Caius Marius identifizieren läßt. In augustäischer Zeit war der Hafen von Miseno der wichtigste Sitz der römischen Militärflotte im Thyrrenischen Meer, wodurch die Voraussetzung für das Wachsen des heutigen gleichnamigen Fischerdorfes geschaffen wurde.

O.MLIN.

Archäologische Zone von Baia: zwei Eindrücke des Theater-Nymphäums mit dem runden Becken.

BAIA

Der Ort, ist ein Küstendorf, hauptsächlich zum Baden besucht und malerisch gegen den Golf geöffnet, der nach ihm benannt ist. Aber seine große Bekanntheit verdankt der Ort der Existenz einer weiten archäologischen Zone, in der bewundernswerte Reste und Zeugnisse der römischen Zeit auf dem westlichsten Zipfel des Golfes von Neapel wiederentdeckt worden sind. Das Schicksal des römischen *Baiae* hatte seinen Anfang in der späten republikanischen Zeit. In jener Epoche begünstigte der außerordentliche Überfluß an wohltuenden Thermalwassern zusammen mit einem besonders glücklichen und einladenden Klima die feste Besiedlung seitens der Römer, die zahlreiche prächtige Häuser und elegante patrizische Wohnsitze in dem verträumte Szenarium des malerischen, von angesehenen lateinischen Dichtern und Schriftstellern verherrlichten Meerbusens von Baia errichteten. Wenn die Nennung von Horaz, Titus Livius, Martialis und Statius allein genügt, die Lieblichkeit der Umgebung zu bekräftigen, so bezeugt der Bau von Villen, die einigen der am meisten im Licht stehenden Vertretern des politischen und sozialen Roms gehörten, die bemerkenswerte Anziehungskraft Baias für den Wohnungsbau, für die es schwierig ist, gleichwertige Vergleiche anderswo zu finden. Zur Kaiserzeit wurde das Gebiet ausschließlich zur Residenz der Kaiser, die auch die Häuser aus Privatbesitz erwarben und so einer Ortschaft den Eindruck von Erhabenheit und Prunk verliehen, die genau wie Capri in den begrenzten Kreis der kaiserlichen „Perlen'' eintrat. Baia wurde so Zeuge und Bühne für einige der Episoden der schmerzlichen Geschichte Roms und der Caesaren, die Verbrechen und Leichtsinn, aber auch ehrgeizige Pläne und Manifestationen exzentrischen Wahnsinns aufweist.

Chronologisch darauffolgend bestimmte das unaufhaltsame Fortschreiten einer tiefgreifenden küstenverschiebenden Überflutung zusammen mit der zerstörenden Wirkung der wiederholten eruptiven Manifestationen der phlegräischen Vulkane tatsächlich das fast vollständige Verschwinden der römischen Siedlung und der grandiosen Zeugnisse ihrer Großartigkeit. Erst in der zweiten Nachkriegszeit sorgte man durch zweckmäßige Grabungsarbeiten dafür, daß einige der bemerkenswerten Reste der römischen Stadt wieder zum Vorschein gebracht wurden.

Archäologische Zone von Baia: einige Bilder von Gebäuden und Örtlichkeiten, die wahrscheinlich zum Baden benutzt wurden.

ARCHÄOLOGISCHE ZONE

Die imponierenden Überreste, die über die weite Fläche eines vom Gipfel der Hügel abfallenden terrassierten Hanges verstreut sind, gehören wahrscheinlich zum antiken Komplex des kaiserlichen *Palatium* und waren nur zum geringsten Teil für den Gebrauch als Thermen bestimmt. Die Datierung der Gebäude liegt zwischen dem 1. und 4. Jh. n.Chr.; die Ruinen, untereinander durch Rampen, Treppen, und Korridore verbunden, sind in die Bereiche von *Sosandra, Merkur* und *Venus* aufteteilt. Zum **Bereich der Sosandra**, nach einer Marmorstatue derselben (nach dem Vorbild einer griechischen Bronze des 5. Jahrhunderts v.Chr.) benannt, die hier in einem der Innenräume aufgefunden wurde, gehörten die Reste einer Wohnung und eines *Theater-Nymphäums* mit runder Wanne. Auf einer großen, niedrigeren Terrasse liegen die Ruinen des sogenannten *Bades der Sosandra*, eines Beckens mit Loggia, das durch eine noch heute aktive Thermalquelle mit Wasser gespeist wurde. Der **Bereich des Merkur**, irrtümlicherweise für einen Tempel gehalten, ist ein Gebäude auf rundem Grundriß, dessen Wände, in *opus reticulatum*, das Kalottengewölbe tragen. Seine Bestimmung stand mit an Sicherheit grenzender Wahrscheinlichkeit mit dem

Baia, der Venustempel.

Baia, die Ruinen des Dianatempels.

Thermalbetrieb in Zusammenhang. Der auf mehreren Ebenen entlang der terrassierten Hänge angelegte **Bereich der Venus** setzt sich aus verschiedenen Räumen zusammen, von denen einer ein *Exedra-Nymphäum* mit einem Brunnen enthält.

Das Panorama der archäologischen Funde von Baia wird durch die Tempel der Venus und Diana vervollständigt. Der **Venustempel**, höchstwahrscheinlich funktionell an den gleichnamigen Bereich gebunden, präsentiert sich von außen in seiner charakteristischen oktogonalen Struktur mit großen Fensteröffnungen. Der Eingang ist von Nischen gerahmt, die sich auch in der äußeren Umfassungsmauer öffnen. Der Innenraum auf rundem Grundriß ist zum Himmel hin offen, da das Gewölbe, das ihn ursprünglich deckte, vollständig zerstört ist. Außerhalb der archäologischen Zone im eigentlich Sinn, nicht weit vom Bahnhof von Cuma, steht der **Dianatempel**. Dieser Bau zeigt bemerkenswerte strukturelle und architektonische Analogien mit dem Venustempel, von dem er die Form und den Grundriß übernommen hat. Die Kalotte, die ihn einst deckte, ist nur teilweise erhalten und trägt zu der ungewöhnlichen architektonischen Physiognomie bei, in der sich der Komplex zeigt.

Cuma, Ansicht des Apollotempels.

Auf den folgenden Seiten: Cuma, Ansichten des Apollotempels und Detail der Via Sacra.

CUMA

Die archäologische Zone von Cuma wird zu den bedeutendsten des ganzen kampanischen Gebietes gezählt und breitet sich im Süden der kultivierten Ebene von Licola aus, auf den zwischen dem Tyrrhenischen Meer und dem See von Averno liegenden Höhen. Hier entstand und entwickelte sich eine der fortgeschrittensten griechischen Siedlungen Süditaliens, als Kolonien von Chalkidikern, die aus Euböa kamen, sich an diesem Ort niederließen (8. Jh. v.Chr.), der sicherlich schon in prähistorischer Zeit bewohnt war und der, einiger geschichtlicher Quellen zufolge, vorher von Kolonisten, die seit dem 11. Jh. v.Chr. aus Äolien hierher gekommen waren, zum ständigen Wohnsitz gewählt worden war. Die Macht des Staates Cuma wuchs soweit, daß in kurzer Zeit die ganze umliegende Region, von Miseno bis *Puteoli*, unterworfen wurde und sogar die Voraussetzungen für die Gründung von *Neapolis* entstanden. Von den Etruskern und anderen italischen Völkern bedroht, die seine Macht nur schwer ertrugen, errang Cuma entscheidende Siege im 6. und im 5. Jh. v.Chr., wobei der letzte den definitiven Zusammenbruch der etruskischen Expansion in Großriechenland bedeutete. Dann jedoch von den Samniten unterworfen (zweite Hälfte des 5. Jahrhunderts v.Chr.) und später romanisiert, war es zur Zeit der punischen Kriege eine konkrete Stützte der nahen Stadt und wurde so zum *Munizipium*. Im hohen Mittelalter verfallen und von den sarazenischen Seeräubern dem Erdboden gleichgemacht (10. Jh.), näherte der Ort sich seinem unaufhaltsamen Untergang.

Cuma, Blick auf die Thermen und den Tempel der Kapitolinischen Triade.

Cuma, zwei Ansichten des Jupitertempels. ►

ARCHÄOLOGISCHE ZONE

Die archäologischen Ausgrabungen von Cuma, die aus zahlreichen Überresten von Tempeln, öffentlichen und privaten Gebäuden, der Akropolis und einem großen Gräberfeld bestehen, liegen zwischen dem Pinienwald von Licola und dem sogenannten **Glücklichen Bogen**, der praktisch den Eingang zu den interessanten Zeugnissen der Vergangenheit darstellt. Letzterer ist ein lediglich einbogiger kleiner Kunstbau, der im 1. Jh. n.Chr., zur Zeit Domitians, errichtet wurde. In der Nähe bildet die sogenannte *Grotte von Cocceio* de facto einen unterirdischen Gang, der die Stadt mit dem See von Averno verband. Etwas weiter führt eine Straßenabzweigung auf der einen Seite zu den wenigen Resten eines **Amphitheaters** (1. Jh. v.Chr.), während man auf der gegenüberliegenden Seite zur weiten **Nekropolis** kommt, in der Spuren römischer Grabstätten aus republikanischer und kaiserlicher Zeit erhalten sind; aber auch ältere, zwischen dem 9. und 7. Jh. v.Chr. zu datierende Gräber, die eindrucksvolle Analogien mit der mykenischen Grabarchitektur aufweisen.
Jenseits des sogenannten *Grabes der Sibylle* erreicht man die Zone des *Forums*. Das große Gebiet, teilweise von Säulengängen begrenzt, umfaßte den Tempel der Kapitolinischen Triade und den **Thermen**-Komplex, der zwischen dem 1. und 2. Jh. n.Chr. gebaut wurde. Der **Tempel der Kapitolinischen Triade**, ursprünglich aus dem 4. Jh. v.Chr., wurde in der Kaiserzeit umgebaut. Mit dem Gebäude sind bemerkenswerte Fragmente der Skulpturen von Gottheiten überliefert, die es einstmals schmückten. Die *Akropolis* zeigt eindeutig Spuren griechischer Befestigungen (5. Jh. v.Chr.), auf die sich römische Bauten stützten, die dazu gedacht waren, die Verteidigung einer in sich durch die natürliche Unebenheit der Örtlichkeiten schon ziemlich unzugänglichen Position zu verstärken. Zur Akropolis kommt man über die *Via Sacra*, eine Straße,

◄ *Cuma, Jupitertempel (Taufbecken) und Akropolis.*

Cuma, die archäologische Zone in der Nähe der Höhle der Sybille.

Auf den folgenden Seiten: Cuma, zwei Ansichten der Höhle der Sibylle.

für deren Bau man große Platten vulkanischen Gesteins benutzt hat. Rechterhand kann man die Ruinen des **Apollontempels** bewundern, eines griechischen Baus, der in samnitischer und römischer Zeit verändert wurde. Ursprünglich ein Perypteros, zeigt er Reste von Säulentrommeln und Basen, die Zeugnis ablegen von den in augusteischer Zeit vorgenommenen Veränderungen. Zwischen dem 6. und 7. Jh. konnte man der Umwandlung des Temples in eine christliche Basilika beiwohnen. Aus dieser Zeit stammen einige Gräber und das Taufbecken.
Auf dem höchsten Punkt des freien Platzes der Akropolis, an einem Ort, von dem aus man ein eindrucksvolles weites Panorama bewundern kann, erhebt sich der **Jupitertempel**, der Bauanalogien mit demjenigen des Apollon aufweist. Ursprünglich griechisch (5. Jh. v.Chr.), wurde er unter Augustus vollständig umgebaut. Die Rekonstruktion macht es nahezu unmöglich, die ältesten Teile des Gebäudes zu sehen. Auch dieses wurde für den Gebrauch als christliche Basilika umgewandelt (5. - 6. Jh.) und zeigt gut erhaltenen Reste eines runden Taufbeckens, Mauerabschnitte in *opus reticulatum* und Überbleibsel christlicher Grabstätten. Eines der berühmtesten Elemente der archäologischen Zone von Cuma bleibt in jedem Fall die **Höhle der Sybille von Cuma**. Das zu den bekanntesten und meistbesuchten der antiken Welt gehörende Heiligtum wurde von den Griechen in den lebendigen Tuffelsen gegraben (6. - 5. Jh. v.Chr.). Sie gewannen einen trapezförmigen, über einhundert Meter tiefen Raum. Vom vorderen, nicht gedeckten Bereich abgesehen ziemlich gut erhalten, läßt die Höhle auf spätere Umbauten schließen (4. - 3. Jh. v.Chr.). Man findet hier eine Inschrift in Marmor mit Versen der ,,Änäis'' des Virgil, einige Zisternen und einen rechteckigen Saal mit einer Nische, der für den Raum gehalten wird, in dem die Sibylle ihre Wahrsagungen anbot. Nicht weit von der Galerie entfernt befindet sich der Eingang der sogenannten *römischen Krypta*, einer gewaltigen Höhle, die unter dem Berg von Cuma gegraben ist und deren Funktion mit großer Wahrscheinlichkeit in Zusammenhang mit der Grotte von Cocceio gesehen werden muß.

MARINA DI
LAGO DI PATRIA
MARANO
DI NAPOLI
CANALE
DI QUARTO
LICOLA MARE
CUMA
LAGO
D'AVERNO
LAGO
DEL FUSARO
TORREGAVETA
BAIA
POZZUOLI
S. LUCIA
POSILLIPO
GOLFO
DI
POZZUOLI
BAGNOLI
MONTE DI PRÓCIDA
BACOLI
CAPO DI POSILLIPO
MARECHIARO
MISENO
I. DI NISIDA
I. DI ISCHIA
BAIA DI S. MONTANO
CANALE DI PROCIDA
CAPO MISENO
CAPO BOVE
LIDO DI PROCIDA
P. CORNACCHIA
LACCO AMENO
CASAMICCIOLA
PROCIDA
CHIAIA
ISCHIA
I. DI PROCIDA
FORÍO
GOLFO
DI
NAPOLI
SPIAGGIA DI CITARA
P. IMPERATORE
P. S. PANCRAZIO
SERRARA
BARANO D'ISCHIA
LIDO DI MARONTI
P. S. ANGELO
I. DI CAPRI
VILLA S. MICHELE
GROTTA AZZURRA
ANACAPRI
P. CARENA
GROTTA VERDE

CASERTA
AVELLINO
POMIGLIANO
SOMMA VESUVIANA
PALMA
ANASTASIA
OTTAVIANO
PORTICI
SARNO
COLANO
VESUVIO
1281
BOSCO
REALE
TORRE
DEL GRECO
BOSCO TRECASE
FIUME SARNO
CAN. DI NOCERA
SCAFATI
POMPEI
NOCERA INF.RE
ANGRI
TORRE
ANNUNZIATA
CAVA
DEI TIRRENI
SALERNO
CASTELLAMMARE
DI STABIA
BAGNI DI POZZANO
TORRENTE DRAGONE
LATTARI
VIETRI
VICO EQUENSE
MINORI
SCALA
MAIORI
MONTI
RAVELLO
PIANO DI SORRENTO
META
S. AGNELLO
ATRANI
SORRENTO
POSITANO
FURORE
AMALFI
MARINA DI PUOLO
CONCA DEI MARINI
LUBRENSE
PRAIANO
CAPO CONCA
GROTTA DELLO SMERALDO
CAPO SOTTILE
CAPO D'ORSO
MARCIANO
MARINA DI CANTONE
GOLFO
DI
SALERNO
P. CAMPANELLA
PICCOLA

INHALT